U0782208

社区治理理论创新研究

范永娜 ◎ 著

吉林出版集团股份有限公司

图书在版编目（CIP）数据

社区治理理论创新研究 ／ 范永娜著. — 长春 ：吉林出版集团股份有限公司，2024.2
ISBN 978-7-5731-4646-5

Ⅰ．①社… Ⅱ．①范… Ⅲ．①社区管理－研究－中国 Ⅳ．①D669.3

中国国家版本馆 CIP 数据核字（2024）第 049792 号

社区治理理论创新研究
SHEQU ZHILI LILUN CHUANGXIN YANJIU

著　　者　范永娜

出版策划　崔文辉

责任编辑　杨　蕊

封面设计　文　一

出　　版　吉林出版集团股份有限公司

　　　　　（长春市福祉大路 5788 号，邮政编码：130118）

发　　行　吉林出版集团译文图书经营有限公司

　　　　　（http：//shop34896900.taobao.com）

电　　话　总编办：0431-81629909　营销部：0431-81629880/81629900

印　　刷　廊坊市广阳区九洲印刷厂

开　　本　787mm×1092mm　　1/16

字　　数　212 千字

印　　张　13

版　　次　2024 年 2 月第 1 版

印　　次　2024 年 2 月第 1 次印刷

书　　号　ISBN 978-7-5731-4646-5

定　　价　78.00 元

前　言

目前，我国经济社会高速发展，在该背景下改进基层社区治理体系，成为社会各界普遍重视的问题。其中，从我国城市社区治理运行机制建设现状出发，制定构建城市社区治理体系的策略，是很多城市社区居民重点关注的问题。

社区治理的过程实质上就是一个服务社区居民、协调社区利益、为社区提供多元服务的过程。这与社会工作助人自助、服务社会的专业理念不谋而合。社区是微观小社会，是各种政策的落实点、各种利益的交汇点、各种矛盾的集聚点，也是创新社会治理的基础平台和重要突破口。社区社会工作不仅有利于促进社区的健康、和谐、有序发展，而且有利于推进社区治理的创新。

在优化城市社区治理理念过程中，相关单位一定要转变治理理念，尤其要对城市社区治理举措的主导理念进行合理分析，为优化设计城市社区治理体系提供必要支持。

对世界各国的地方政府而言，如何实现良好的治理，都是一个受多种因素影响的重要课题，公众要求地方政府更加透明、可信赖，地方政府在提供公共服务时所展现的责任和能力日益在公众越来越高的需求呼声中受到普遍关注。通过社区多元主体参与治理，改善社会公共管理的效率是一个有益的思路，本书沿着这一思路尝试进行了探索。

由于笔者能力、水平有限，书中难免会有不妥甚至错误之处，恳请各位读者谅解并指正。

目　录

第一章　社区与社区治理

第一节　社区的涵义及要素

一、社区的涵义

社区是社会学的一个基本概念。最早使用"社区"这一概念的是德国社会学家滕尼斯。他在 1887 年出版的《社区与社会》一书中最先使用了"社区"（gemeinschaft）一词。美国的社会学家查尔斯·罗密斯把滕尼斯的社区（gemeinschaft）译成了英文"community"。"community"一词的含义很广泛，在社会学上，它主要指在一起生活、工作的人的共同体。这和滕尼斯的"gemeinschaft"一词的含义已有区别。中文的"社区"概念是从英文的"community"翻译过来的。1933 年，费孝通等燕京大学的一批青年学生，在翻译美国著名社会学家帕克的社会学论文时，第一次将"community"这个英文词译成"社区"。在此之前，有人将它译为"共同社会地方共同社会共同区域社会"等。

我国从 20 世纪 80 年代政府倡导社区建设以来，"社区"一词得到了广泛应用，现在已经成为较普及的名词之一。更重要的是，社区在中国社会中地位的上升，已经影响了整个社会结构的变迁。在党的十六大报告中，"社区"这个词被再三提到完善城市居民自治，建设管理有序、文明祥和的新型社区"加强公共服务设施建设，改善生活环境，发展社区服务，方便群众生活""高度重视社区党的建设，以服务群众为重点，构建城市社区党建工作新格局"。社区已经成为当今中国规模最大、覆盖面最广、可用作社会支持（尤其是对社会弱势群体和贫困群体）和进行社会动员的组织资源，也成为我国多学科学者广泛研究的对象。

中共中央 2000 年 11 月 3 日转发的《民政部关于在全国推进城市社区建设的意见》（中办发〔2000〕）23 号）对社区做出如下界定：社区是指聚居在一定地域范围内的人们所组成的社会生活共同体。目前我国政府官方认可的城市社区范围，一般是指经过社区体制改革以后做了规模调整的居民委员会辖区。本书所讨论和研究的社区即指这类社区。

要准确把握社区的主要特征，除了要了解社区的含义、类型、基本构成要素以外，还有必要了解社区与社会、社区与社会群体和社会组织的区别与联系，因为它们是关系密切且容易混淆的几个概念。

二、社区的基本特征

（一）社区是一个社会实体

社区有一定的地域，有一定数量的人口以及由这些人所构成的社会群体和社会组织，有完整的组织机构和运行机制，还有自己独特的社区精神和社区文化等。它包括了社会有机体的最基本内容，是宏观社会的缩影。

（二）社区具有多重功能

社区是人们生活和交往的最基本的场所，人们在这里进行生活、交往、娱乐、经营等各种活动。概括起来，社区的主要功能有社会管理和协调功能、社区互助和服务功能、社区教育和培训的功能，以及社区文化的社会化功能等。

（三）社区是人们参与社会生活的基本场所

人们的基本生活大都在本社区范围内进行。人们主要在本社区范围内满足吃、穿、住、用等日常生活的物质需要和各种感情、精神的需要。另外，绝大多数居民作为某一社区的正式成员，在本社区范围内享有参与社区管理、选举人民代表、选举社区干部等权利。从这个意义上说，社区还是人们参与政治生活的基本场所。社区作为人们生活的基本场所，决定了它必须具备相应的活动设施。

（四）社区以聚落作为自己的依托或物质载体

所谓聚落，是指人类各种形式的居住场所，它不单纯是房屋的集合体，还包括与居住直接有关的其他生活设施。我国城乡的聚落形式有村落、集镇、县城镇和城市等，它们都是社区的依托或物质载体。一般来说，一个社区的构成要素大都聚集在聚落之中，人们的基本生活也是在聚落这一地域内进行的。

（五）社区是发展变化的

如同其他社会现象一样，社区也是人类活动的产物，随着社会的发展而发展。

三、社区的构成要素

所谓社区的构成要素，就是构成社区的主要因素。与社区概念一样，各方学者对社区的构成要素的理解也是不同的。根据各家学者对社区构成要素的阐述并结合我国社区建设的实际情况，我们一般认为构成社区的主要因素大致包括五大类别：一是，一定数量的人群；二是，一定的地域条件；三是，一定的生产生活设施；四是，居民所具有的社区意识；五是，具有一定特色的社区文化等。

（一）一定的人群

社区是社会的缩影，是一种比家庭等初级群体更大、更复杂的人类群体。社区首先是一个"人群"或一个"人的生活共同体"，一定数量的人群是社区的第一要素，以一定社会关系为基础组织起来并进行共同生活的人群是社区存在的第一个前提。没有人群，社区就没有主体，这时有的仅仅是地域范围，是区域的概念而非社区概念。社区的人口要素，主要应该包括社区人口的数量、社区人口的结构和社区人口的分布这三方面。

（二）一定的地域

一个社区居民的主要活动大多集中于某一特定的地域空间里，这个空间便是社区的地域要素。它包括社区的自然环境、自然资源、生活环境、生活条件等方面。社区可以说是特定人群与特定地域条件相结合而形成的人类社会区域生活共同体，是一个地域性的社会实体。地域的自然地理和其他物质资料状况对整个社区的发展有着重要意义。因此，一定的地域便自然成为社区的要素之一。

（三）一定的生产和生活设施

社区是人们参与社会生活的基本场所，是人们开展各种活动的平台，而各种活动的开展，都必须要有与之相适应的物质要素的支持。同时，社区居民委员会为了满足社区居民的物质和精神需求，组织开展社区服务也需要有各种设施和条件，社区文化活动、环境整治、治安强化、流动人口管理、帮困扶贫等都需要一定的活动设施。因此，一定的生产和生活设施是构成社区的重要因素。从我国社区的实际情况来看，社区的基本设施主要包括以下类型：社区成员进行日常生活的基本设施，例如房屋、交通工具、通信设备、便民商店、社区服务中心等；社区的公共服务设施，例如学校、文化站（室）宣传栏、医院（卫生院、医疗所）等；社区成员参加社区管理活动和政治活动的基本设施，例如办公用房、办公设备等。

（四）一定的社区意识

社区意识主要指社区居民对自己所属的社区有一种认同、喜爱和依恋的思想及心理感觉。这种思想和心理感觉是社区生活对其成员的思想观念长期影响的结果，也是构成社区的一个重要因素和衡量社区的标准之一。它是社区环境内部成员之间所建立的归属情谊，它来自社区成员彼此所具有的共同利益、共同问题、共同需要及共同环境等所产生的认同心理。所以，如果一个社区的居民毫无社区意识，就意味着他们毫无凝聚力，很难形成和谐的社区生活，构建社会共同体。

（五）一定特色的文化

社区文化指"通行于一个社区范围之内的特定的文化现象，包括社区内人们的信仰、价值观、行为规范、历史传统、风俗习惯、生活方式、地方语言和特定象征等"。从实质上说，社区文化就是一个社区的主流意识，是共同的社区心理和社区行为，是带有浓厚社区色彩和烙印的人际关系和交往方式，是人们对社区的归属感、认同感、依恋情结和荣辱心态，是一种较为一致的价值取向。当然，不同的社区，其文化方面表现出来的特点有所不同，各具特色，这一点在我国实行计划经济时期尤为突出。

第二节　社区的类型及功能

一、社区的类型

从我国社区建设的实际来看，社区可以分为以下几种类型。

（一）按社区所形成的不同方式来划分

按社区所形成的不同方式来划分，社区可以分为自然社区和行政社区。

1. 自然社区

自然社区是人们在生产和生活中自然形成的、完全符合社区最初含义的社区，是人们在长期的共同生活中逐渐扩展而形成的，如农村中的自然村落、自然镇，以及农村人口向城市流动过程中形成的自然迁移人口的聚集地等。在城市，某些长期定居生活在同一地方的人们在历史的长河中自然形成的街坊或者特定区域，也属于自然社区类型。

2. 行政社区

行政社区是指依靠行政力量，以行政辖区划分的方式形成的社区。社区与社区之间的界限被明确地标在行政地图上，并以法律形式加以界定。在中国的城市里，通常以"居民委员会"的地域和管辖范围作为一个社区，这也是我们一直说的我国官方所划分的城市社区的范围；在农村，则以一个"村民委员会"的范围作为一个社区。

（二）按社区的功能来划分

社区的功能不同，体现出来的社区的类型会完全不同，以高科技园区为中心的社区，往往信息便捷，环境优美，街道景色和谐统一；以文教设施为中心的社区，科学与人文氛围较浓，人力资源比较充裕，文化色彩明显；以商业活动为中心的社区则区域繁华程度高，购物休闲方便等。根据这种对社区的主要影响因素，我们也可以将社区划分为很多种：政治型社区、经济型社区、工业型社区、军事型社区、教育型社区、旅游型社区、文化型社区等。不过，需要说明的是，按主要活动及其功能对社区进行分类具有明显的相对性，有些社区既有较强的经济功能，又是一定区域的政治中心，甚至还是文化中心，其主要功能是多方面的，对于这些社区，应加以具体分析。

（三）按社区形成的基础来划分

各社区由于形成的基础不同，居民的组成方式、居住条件、思想观念、文化背景也完全不同。

1. 由社区居民委员会管辖的社区

社区居民委员会是以原来的居民委员会为基础，按照新的标准和原则，适当扩大规模、调整范围而形成的。这类社区在目前现有的社区中占较大比重。

2. 由新兴物业管理小区转换成的社区

随着城市的发展，特别是房地产业的迅猛发展，一座座住宅小区如雨后春笋般出现。这些小区在建设初期一般没有成立社区居民委员会，多是由业主委员会或物业公司承担小区的日常管理工作。在社区建设中，部分小区按照要求，经过民主选举，成立社区居民委员会，实现小区到社区的转换。

3. 由过去的村组改造成的社区

伴随城市的发展和城镇化进程的加快，原先的一些城市郊区已发展为城区或城镇，尤其是城郊地带和经济发展较快的城镇，过去的农民变成了居民。在社区建设中，撤销村组，改建为社区居民委员会。

4. 由机关单位或者企业的后勤服务过渡而来的社区

过去，一些大型机关和企事业单位承担着大量的社会事务管理和服务职能，有的是垂直管理，有的是系统管理。现在，通过体制、机构改革，这些机关单位将这部分职能剥离出来交由社区，原先由机关或单位直接管理的干部职工及其家属也相应转移到社区，实现了由"单位人"向"社区人"的转化。

二、社区的功能

社区是社会的缩影，人们在社区进行政治、经济、文化、社交、娱乐等社会活动。社区的功能主要有社会管理和协调功能、社区教育和培训功能、社区互助和服务功能以及社区文化的社会化功能等。

（一）社会管理和协调功能

社区是社区成员的聚集之地，居民生活在社区内，与社区联系紧密、关系密切。社区必须拥有各种机构和组织以及自己的社会化体系来维护社区的秩序，打造安全、稳定的社区环境，保障居民生命和财产的安全，并通过该体系把社区内最重要的价值观、行为模式、文化传统传输给社区居民。社区提供良好、完整的自治管理和服务，培养社区居民良好的社区意识，协调社区成员之间的关系，为个人和家庭提供稳定和谐的生活和发展环境。

（二）社区教育和培训功能

社区教育和培训的功能就是有效整合、充分利用社区的教育设施和社区内外的教育资源，为社区居民提供各类教育服务，扩大社区居民的知识面、改变知识结构、掌握各种技能和技巧、提高思想政治素质和科学文化素质，促进区域经济建设和社会发展。

（三）社区互助和服务功能

目前社区互助的主要内容大概包括：面向社区老人、儿童、优抚对象、残疾人、低保对象等弱势群体的援助与服务；社区成员之间开展的志愿服务和互助服务；社区志愿者开展的面向全体社区居民的各种无偿、低偿便民利民服务；区域单位、社区家庭和社区居民参加的各种捐赠救助、服务救助、公益劳动、结对帮扶等活动。

与社区互助不同，社区服务功能的基本要求是通过基础性保障和福利性照顾达到满足社区居民日常生活所需的目的。就目前社区情况而言，社区服务的内容主要包括社会救助和福利服务、便民利民服务、社会化服务、再就业服务和社会保障社会化服务等。

（四）社区文化的社会化功能

当今世界，文化与经济、政治相互交融，在综合国力竞争中的作用越来越突出。文化的力量，深深熔铸在民族的生命力、创造力和凝聚力之中。综观人类社会发展历史，文化既表现在对社会发展的导向作用上，又表现在对社会的规范、调控作用上，还表现在对社会的凝聚作用上。

要发挥社区文化的社会化功能，还要注意以下几个方面的问题。

第一，要注重宣传教育。社区要大力弘扬和培育民族精神，要对中华民族几千年来形成的优秀的民族精神进行宣传，以丰富民族精神的内涵。

第二，营造良好的文化环境。良好的文化环境是发展先进文化的重要条件。社区文化环境包括两个层面：一是整个社区的文化氛围；二是全体社区成员的文化修养和对文化事业的关切程度。两者相互联系、相互依存。

第三，发展文化产业。发展文化产业对于满足人民群众不断增长的精神文化需求和促进人的全面发展具有重要意义。

第三节　我国当代社区的历史沿革

当代社区是指中华人民共和国成立之后的中国社区发展演变过程及其主要特征。经过几十年的发展，尤其是改革开放的四十年来，中国当代的社区建设得到了不断发展和完善，逐步走上真正的社区化发展之路。我国的社区建设在城乡人民生活质量的提高、精神文明的建设、基层民主化建设、人口素质的提升、社会化管理等方面发挥了巨大作用，同时，社区建设在不断适应社会政治经济体制改革的基础上不断调整，以更好地适应社会经济发展的需要。

一、中国当代乡村社区发展的演变过程及特征

（一）改革开放前的多变阶段（1949—1978）

中华人民共和国成立以后，我国进行了许多重大的乡村制度改革，对当代的乡村社区发展产生了较为深远的影响，从不断推行的一系列改革与政策来看，乡村社区发展始终处于多变的发展状态之中，直到改革开放以后才稳步走上发展道路，这是与我国特殊的国情和时代需要相适应的。中华人民共和国成立之后全面推行土地改革，彻底废除封建地主土地所有制。1950 年 6 月我国公布了《土地改革法》，在解放区开展了土地改革运动，到 1952 年 9 月，除部分少数民族聚居地区外，全国基本上完成了土地改革。封建地主土地所有制的废除，为后来中国乡村社区的蓬勃发展奠定了基础。

（二）改革开放后的稳步发展阶段（1979—2001）

1978 年党的十一届三中全会的召开，标志着我国乡村社区发展新时期的到来。历史的教训和时代的要求，促使党和政府重新考虑中国的发展道路和方向问题，不仅开始实行积极的对外开放政策，而且在广大的农村地区开始了以联产承

包责任制为起点的一系列广泛而深刻的改革，极大地改变了乡村社区的面貌，翻开了乡村社区建设崭新的一页。我国乡村建设由此进入稳步发展的新阶段。

二、中国当代城市社区发展的演变过程及特征

结合街道体制演变和我国社区建设相关政策，我国城市社区发展大体上可划分为五个发展阶段：街道建立与恢复发展阶段，开展社区服务阶段，创建文明社区阶段，推进管理体制改革阶段和城市基层社区自治阶段。

（一）街道建立与恢复发展阶段（1949 年至 20 世纪 80 年代中期）

中华人民共和国成立之初，为了加强城市管理，在市辖区和不设区的市，按一定的管理区域设立了街道以及政府的派出机构—街道办事处。最初，我国的城市街道办事处是在废除民国时期保甲制的基础上建立起来的，由接管委员会办事处演化而来。

（二）开展社区服务阶段（20 世纪 80 年代后期）

1987 年，民政部在武汉主持召开了城市社区服务工作座谈会，明确了社区服务的内容和任务，以及社区服务与民政部门的关系。从这次会议开始，"社区服务"概念在全国兴起，也标志着我国城市社区服务的产生和兴起。

（三）创建文明社区阶段（20 世纪 80 年代末至 90 年代初）

社区文明是城市文明的依托和重要标志。从 20 世纪 80 年代末开始，上海社区建设进入了以市政府大力推动，以精神文明创建为主要内容，全面改造社区硬件设施，不断提高市民文明素质和城市文明程度的攻坚拓展阶段。1991 年市委明确提出建设"社会安定、环境优美、生活方便、文化体育生活健康"的文明社区的目标。从此，文明社区的创建活动列入市委、市政府和各区、街道的工作目标和发展计划之中，其主要目标是提高市民素质和文明程度。

（四）推进管理体制改革阶段（20 世纪 90 年代）

社区建设与城市的管理体制改革紧密结合，是上海城市社区发展的一大创造

和特色。20 世纪 90 年代以来，随着市场经济的发展、大规模的城市改造和建设、大批居民的迁移、外来人口的大量进入、"单位体制"的变化、社会问题的增多，城市社会管理的任务大大加重。为探索适应新形势下的城市社区建设管理体制和运行机制，民政部于 1999 年开展了"全国社区建设实验区"的试点工作。先后确定了 26 个城区作为实验区。实验区社区建设的要求是：改革城市基层管理体制，强化社区服务功能，以街道、居民委员会为依托，以提高居民的生活质量和文明程度为目标，以群众自治为宗旨，因地制宜，建设治安良好、环境优美、生活方便、人际关系和谐的现代化文明社区，以维护社会稳定，实现城市社会经济的协调发展。

（五）城市基层社区自治阶段（20 世纪 90 年代末以来）

从 1999 年开始，按照民政部有关部署，26 个社区建设实验区率先开始了城市居民自治的试点，一些地方开始进行城市社区居民委员会的选举改革。在 2002 年 11 月召开的十六大上，党中央从建设小康社会的发展战略和目标出发，更加明确地提出了建设"居民自治、管理有序、文明祥和的新型城市社区"的要求，这标志着 21 世纪我国基层社区建设进入一个更高、更新的发展阶段。

（六）当代城市社区的基本特征

城市社区的主要特质是：

（1）人口高度集中，密度大，组成成分复杂；

（2）生产力水平高，商品经济发达，职业的差异大而分工精细；

（3）交通方便发达，社会流动性大，个人地位和角色易变；

（4）社会结构复杂而层次多；

（5）社会控制主要靠正式机构和法律；

（6）生活方式多样，生活节奏快，紧张压迫感强，习惯差异大，自由流动性强；

（7）经济、政治活动频繁，金融、信贷、商业贸易、科学技术、文化、信息、服务等系统综合功能齐全，经济中心较多等；

（8）居民的社会文化活动丰富，社会群体活跃，主要以职业为主，人际关系由血缘关系、地缘关系向业缘关系转化，人际关系互动频率高但深度不够；

（9）社会服务机构功能齐全，家庭的经济、教育等功能明显削弱；

（10）由于高度的异质性和较高的容忍度，邻里的控制力量较小。

这些特点在不同国家和地区有不同程度的表现。随着城市化的发展及城乡差别的逐渐缩小，城市社区的特点将逐渐渗透到乡村社区。

三、社会转型期我国当代城市社区的新变化

（一）社区服务的长足发展

当代中国一个引人注目的现象是：城市社区服务体系正以前所未有的速度发展着，各种新的社区生活社会化服务体系如雨后春笋般地发展起来。城市社区服务可以分为如下体系。

（1）社区家政服务体系，包括社会化经营的搬家公司、各种各样的家电维修服务公司、家庭保姆市场等。

（2）社区医疗服务体系，包括社区医疗网点系统、家庭病床服务、家庭医生体系及家庭保健服务等。

（3）社区消费服务体系，包括社区商业网点建设、超市连锁经营、"10分钟社区生活服务圈"、社区家庭商品配送服务等。

（4）社区文化服务体系。目前中国很多社区已经建立多种形式的社区文化生活服务体系，包括社区图书馆、社区文化娱乐中心和婚丧嫁娶等专项文化生活服务等。

（5）社区老年人服务体系，包括社区老年人活动中心、老年人健身中心、老年人医疗保健中心及养老院等。

（6）社区教育体系，包括社区业余教育、社区终身教育和社区文明教育等。

（7）社区就业服务体系，包括社区再就业中心、下岗工人就业培训中心、对初高中及大学毕业生的就业服务等。

（8）社区治安服务与管理系统，包括救助体系、灾害预防体系及社区生活安置保障等。

（9）社区环境卫生管理体系。

总之，城市社区的管理与服务等的社会化体系表现在方方面面，住宅商品化、退休养老、失业救济等各种形式的社会保障制度也在社区内不断地发育、发展和完善，社区劳动力市场也空前活跃。

（二）社区建设多种实践模式的出现

社区建设是中国城市体制改革的产物，是中国社会变革中的一大创造，短短十多年的发展有效改变了城市面貌，促进了居民生活的改善。就目前国内城市社区建设情况来看，其实践模式主要有以下几种。

（1）整体推进模式。这种模式强调社区建设是一项全方位的整体性的系统工程。其基本内容涉及政治、经济、文化、社会等各方面的社区工作，既包括物质文明建设，又包括精神文明建设；既包括硬件建设，又包括软件建设。

（2）专项特长模式。这种模式强调打造特色社区，社区需在经济、文化、住宅等方面突出社区特色。例如，南京市玄武区以社区服务系列化、产业化为特色；秦淮区以社区文化、社区教育高人一筹；杭州市下城区各个街道注重居民委员会"小社区"的建设，使居委会"小社区"产生"大效益"，形成"小社区"建设的特色。还有活跃在各居民区"小社区"的"发明之家集报之家教师之家""集邮之家"等特色家庭都从不同角度、不同侧面优化了社区环境，保障了社区安定，提高了居民素质，倡导了社区成员的协作互助精神，推动了社区社会事业的发展。

（3）资源共享模式。这种模式强调社区内各个单位通力合作，共建社区。这种模式形式多种多样，如南京市玄武区、鼓楼区近年大力开发社区资源，推行"街企共建""军民共建"等。

（4）互利互动模式。这种模式强调社区建设的目的是满足居民群众日益增长的物质、文化水平需求，使社区内所有单位和居民群众都能从中受益。

（5）物业管理模式。这种模式强调以住宅小区物业管理和社区服务互相促进为载体，开展全方位的社区建设。例如，天津市河北区建昌街道办事处把街道划分为若干住宅小区，依靠社区居民群众和社会力量，形成一个网络型社区结构，实行民主自治，共建互动，自我服务，共同受益，因而受到居民群众的欢迎；南京市鼓楼区倡导小区物业管理、社区服务和居委会"三位一体"模式，为后来我国推行社区治理创新起到了一定的示范作用。

第四节 社区治理的内涵与基本原则

社区治理是指在法制化、规范化前提下，由政府行政组织、社区党组织、社区自治组织、社区非营利组织、辖区单位以及社区居民等多元主体共同管理社区公共事务的活动。社区治理不同于社区管理。传统的社区管理突出了社区的行政色彩，强调政府在社区中的领导地位，主要以行政手段对社区事务进行管理。而社区治理则是从治理的理论基点出发，强调在社区治理中，政府应是权力主体之一，并不是社区治理中的唯一权威，应该更好地发挥引导和服务作用，而不是行政性的强制，引领社区逐步过渡到"自我教育、自我管理、自我服务、自我约束"的理想状态。社区治理的目标是通过多元权力对社区治理的参与，在多元权力格局职责分明而又相互依赖的基础上促进社区良治，最终达到发扬民主、整合资源、促进社区建设。这既是政治体制改革的过程，也是发扬民主的过程，同时也是社区建设和提高居民生活质量的过程。

社区治理所包含的最基本的价值观念是社区居民利益的主体性和本位性。从社区公共决策及执行必须符合社区的整体利益和最大利益出发，Michael Clarke 和 John Stewart 总结了社区治理的六个原则：第一，地方政府应当更加关注地区的整体福利；第二，地方政府在社区治理中的角色，只能根据它是否贴近社区和社区市民、是否使他们增权来评判；第三，地方政府必须承认其他公共、私人、志愿组织的贡献，其职责在于促进而不是控制；第四，地方政府应当保证社区的资源充分用于本地区的发展；第五，为了更好地利用这些资源，地方政府需要认真考察如何才能最大限度地满足居民的需要，因地制宜采取实施办法；第六，要证明自己的领导能力，地方政府必须了解、协调和平衡各种利益关系。有的学者认为，社区治理的价值基础是民主，政治基础是自治。因此，社区治理与社区自治、公民参与有着密切的联系。社区治理既包含着社区自治的主题，也包含着公民参与的主题。一种建立在民主与自治基础上的社区治理需要遵循四大原则：第一是参与，社区各组织与居民必须直接或间接地有效参与社区事务，政府也应该致力于建立各种渠道鼓励居民参与；第二是法治，治理应该是建立在公正的法律基础之上，并有高水平执法能力的组织或机构，依法自治；第三是透明，在治理过程中保证信息和决策的公开透明，使公民了解自己的利益与权利，并利用相关信息自主决策。基层政府也必须把相关信息以简洁明了的方式告知居民；第四是反馈，各种组织或机构必须在特定的期限内回应居民的要求与问责。

第五节　社区治理的主体与内容简介

从社区治理内涵中可见，社区治理的主体是多元化的。社区治理的主体是社区利益相关者，即与社区需求和满足存在直接或间接利益关联的个人和组织的总称，包括党政组织、社区自治组织、社会中介组织、驻社区单位、居民等。社区利益相关者的多元性和复杂性是由社区公共事务属性决定的。社区公共事务是公共产品的组合而不是某项公共产品，它不仅是某一家庭或某一组织的需求，而且涉及多个家庭和多个组织的共同需求，是个体需求的集合。它涉及多个行为主体之间的复杂权利关系，需要建立一种集体选择机制来解决个体需求表达与整合问题。治理社区公共事务需要社区利益相关者贡献资源、分摊成本、共享利益，这也需要建立一种平等协商机制，以实现资源倍增效应。

社区治理的主体不仅包括居民，还包括各种组织。从组织的性质角度，可以将社区治理的主体分成三大类：其一是党政组织，包括各级党组织与行政组织；其二是社会组织，包括社区自治组织（居民委员会、业主委员会）、社区非营利组织（各类非营利的服务型、事务型组织社区居民文体娱乐团队、社区志愿组织等；其三是营利组织，包括营利性的驻社区单位和其他参与社区治理的经济组织（如物业公司等）。

因参与主体所掌握的资源各不相同，彼此之间形成一种相互依赖关系。比如，对于政府部门而言，由于社会事务增多，以及政府部门自身精简、力图追求企业型政府的效率和效益的需求，势必无法再大包大揽，而是将部分权力下放给社会组织，让社区居民主动寻求问题的解决办法，从而获得社会组织和社区居民的合作。对于社会组织而言，要获得合法性，就必须接受政府的领导和管理，如按照《社会团体登记管理条例》或者《民办非企业单位登记管理暂行条例》等文件要求在民政部门登记、注册，而要进入社区开展工作，特别是与街道、居民委员会的合作，就需要得到政府授权。而政府也需要依赖社区中的经济组织发展社区经济、创造社区居民的就业机会，从而实现社区的稳定与发展。至于经济组织是否有权力进入社区，则又取决于社区居民、社会组织对于经济组织的评估，以及政府政策的准入。本书第六章将对社区治理的主体进行详细分析。

如果说社区治理的主体是社区利益相关者，那么，社区治理的内容就是社区公共事务。公共事务一般是指涉及社会公众的生活质量和共同利益的一系列活动及其实际效果。所谓社区公共事务，从宏观上来说，凡是按照属地原则分担到社区，以社区为单位去组织、协调、运作的公共事务，即属于社区公共事务；从微观上来说，社区经济、社区教育、社区卫生、社区体育、社区文化，以及社会福利、社会救济属于传统的社区公共事务。在当今市场经济体制下，被新划分出来的社区治安、社区服务等也属于社区公共事务。社区公共事务是纷繁复杂的，社区治理需要通过合作关系将政府、社区自治组织、非营利组织、营利组织等团结起来，整合各方资源，形成社区内部的共同合力，更加有效地解决社区公共事务问题。社区公共事务的本质是公共物品，具有非竞争性、非排他性、社区性、外部性、多样性的特征。社区公共产品的属性本身就意味着：有效供给社区公共产品需要建立多元互动的社区治理结构。换言之，社区公共产品的非排他性和非竞争性会促使人们产生"搭便车"（捡便宜）的行为，这就需要建立一种相互监督和相互约束机制。在社区公共产品的提供过程中，政府不可能是唯一的，市场也不可能是唯一的，自治组织以及第三部门等也不可能是唯一的解决之道。公共产品的提供是一个多元主体的互动过程，建立在政府、市场和社会三维框架下的多中心模式才能有效地克服单一主体供给的不足，进而走出社区公共产品供给的困境。

第二章　社区治理理论

第一节　治理理论

治理理论是社区治理研究最直接、最主要的理论基础。社区治理的实践也正是在治理理论的指导下展开的。

一、治理理论的基本内容

"治理"对应的英文词语是"governance"作为一个日常词汇；"governance"在英语国家的使用已经有数百年的历史。英语中的"治理"可以追溯到古典拉丁语和古希腊语中的"操舵"一词，原意主要指控制、指导或操纵。长期以来，"治理"一词与"统治"（government）一词交叉使用，主要用于与国家公务相关的宪法或法律的执行问题，或指管理利害关系不同的许多特定机构或行业。自20世纪80年代以来，随着公共事务参与主体与运作模式的日趋多元化，"治理"这一古老的概念被赋予了更多内涵，并逐步成为政治学、行政管理、国际关系、经济学、企业管理、组织研究等多学科中以及人们谈及公共事务时频繁出现的一个炙手可热的词汇。进入20世纪，西方国家推崇的市场经济和福利国家政策相继失灵。在经历了"市场失灵"和"政府失灵"以后，人们对发展"第三条道路"的治理思想寄予了深切期望，希望依托民主参与的、多种社会组织共同合作的公共事务治理制度设计，建立起足以应付经济全球化冲击和后现代社会转型的可持续发展机制与能力。为此，西方社会开始强调政府改革、私有化、下放权力、向社会授权等主张，探寻适合主体多元化的社会管理模式。

由于研究视角的不同，学术和实践领域对治理内涵的界定也多有不同。在实践领域中，一些国际组织对"治理"做出界定。世界银行对治理的界定是：为了发展而在一个国家的经济与社会资源的管理中运用权力的方式，有效治理包括以法治保障公民安全、有效的行政管理、实行职责和责任制、具有政治透明性。联合国开发署认为，治理是为管理国家事务而运用政治权力的实践。经济合作组织的援助委员会认为，治理就是运用政治权威，控制和经营社会资源以促进社会和经济的发展。在各种实践领域的治理概念中，以全球治理委员会的治理概念最具有普适性：治理是各种公共的或私人的机构和个人管理其共同事务的诸多方式的总和。治理是使相互冲突的或不同的利益得以调和并且采取联合行动的持续的过程。治理既包括正式的制度安排，也包括非正式的制度安排。

在学术界，很多学者也从不同的角度对"治理"进行了界定。詹姆斯·N.罗西瑙在其代表作《没有政府的治理》中将"治理"定义为一系列活动领域里的或隐或显的规则，它们更依赖主体间重要性的程度，而不仅是正式颁布的宪法和宪章。英国学者罗伯特·罗茨认为，治理标志着政府管理含义的变化，指的是一种新的管理过程，或者一种改变了的有序统治状态，或者一种新的管理社会的方式。格里·斯托克指出了治理理论的五个论点：治理是指出自政府但又不限于政府的一套社会公共机构和行为者；治理明确指出在社会和经济问题寻求答案的过程中存在的界限和责任方面的模糊之点；治理明确界定涉及集体行为的各个社会公共机构之间存在的权力依赖；治理指行为者网络的自主自治；治理认定办好事情的能力并不在于政府的权力，不在于政府下命令或运用其权威。政府可以动用新的工具和技术来控制和指引，而政府的能力和责任均在于此。当代治理理论的主要思想包括以下几个方面。

第一，当代治理运动的兴起是现代社会组织转型与发展的产物。在现代，社会结构发生重要变化的过程中，传统的工业组织和公共组织呈现出一系列新的特征，表现为：从同质性的科层制走向异向性的多样化组织结构；政府的功能变化，由控制甚至直接干预转向掌舵、冲突协调和促进社会资源整合；政府逐渐改变了原有僵硬、刻板的组织体系，实施了弹性化的或专项的组织结构；传统公共行政下公与私、国家与社会的界限开始变得模糊，甚至彼此交融等。现代社会的显著变化，使得当代治理成为适应变化需要的组织管理形式，也使治理成为突破传统公共行政模式，满足公共管理要求的发展道路。

第二，当代治理的组织载体发生了根本变化，它既包含政府组织，但又绝不是唯一的、单中心的政府组织。当代治理运动组织载体与参与角色的多样性和多中心性，是治理概念与传统统治和行政思想区别开来的关键之处。

第三，当代治理意味着国家和全国人民社会关系的重新调整。从根本上说，探求治理模式的过程就是寻求新型国家—社会关系的过程，是重新定位政府统治与公民作用关系的过程。实践中，政府向社会的分权，鼓励公民参与地方或社区的公共事务管理，倡导培育和提升公民自主管理能力，成为当代治理变革政策的重点。

第四，多中心治理模式的形成和社会网络组织体系的构建，是当代治理运行的制度结构与组织基础。治理依据的是以问题和管理事务为导向而聚集起来的多种形态的社会网络组织体系。社会网络组织体系是指面对着国际、区域、国家、地方、社区等不同地域范围内的公共问题，国际组织、政府组织、市场组织、居民自组织等治理主体围绕着某些公共问题或公共事务，通过对话、讨价还价、协商、谈判、妥协等集体选择和集体行动，达成共同治理目标，并形成资源共享、彼此依赖、互惠和相互合作的机制与组织结构，建立共同解决公共问题的组织网络。当代治理成功与否，关键取决于包括政府在内的社会网络组织的构建、信任关系的形成与合作方式的建立。

第五，公民的积极参与、政府与公民之间建立的相互信任、相互依赖与相互合作关系，是当代治理的社会与道德基础。治理的实现、社会网络组织体系的运行，依靠的是存在于公民社会中的社会资本力量，依赖政府、公民、企业、社会组织之间的相互信任与积极合作的态度。

第六，当代治理不仅表现为一定的发展制度构造，也表现为一定的发展进程。作为发展进程，治理强调两个方面的内容。一是它强调在治理过程中参与者之间的互动与相互影响，强调在不断离散化和分割化的公共政策制定、执行和管理中，通过有效的动力机制、沟通与控制手段及责任界定方式，来实现目标的协同、各种资源的有机整合。二是它主张将治理看作一个不断演进的、渐进的、适应现代社会变迁的发展过程。它承认当前的治理理念和实践还处于胚胎状态，还需要经过大量社会实践的考验和验证。治理在探索中不断回应所面对的冲击和挑战，寻求更加有效的制度安排，实现善治的目标。

第七，当代治理的基本理念及善治的重要评价标准是参与、公开、透明、回应、责任、合法性等重要原则。当代治理即是在这些相互联系的价值中寻找"以人民为中心"、增进人民普遍福祉的发展道路的行动过程。

第八，各种利益关系人进入并参与公共政策制定、执行过程是治理发展的必然趋势，这促使政府的功能及其领导者的行为导向与工作重点发生重要变化。但是与以往多元主义思想不同的是，尽管当代治理思想也承认存在着政策过程中的个体利益差异和冲突，存在着集体行动中的讨价还价和理性选择，但它始终认为多元的利益关系主体，在长期发展过程和社群共同体中能够形成利益互惠和彼此合作的关系。

二、治理理论的社区应用

治理理论已经遍布全球、国家和地方的不同层次，正在逐步形成一个蔚为壮观的治理理论体系和实践系统。治理理论主要包括全球治理理论、民族国家治理理论和地方治理理论。而社区治理在整个治理理论中所得到的关注还很少，相应的论述也不多。实际上，由于社区是一个介于初级群体和次级群体之间的组织，对于居民有着情感性和易接近性的功能意义，是每一个人从家庭走向社会的第一个空间，所以，社区治理应当是全部治理系统的基础。

改革开放以来，随着经济体制与社会体制改革的不断深入，我国的社会结构发生了巨大变化。城市社区主体呈现多元化，社区内的自治组织与非政府组织在社区建设中发挥着日益重要的作用，社区成员参与意识和民主意识逐步增强，政府在社区成员的广泛参与下，与民众共同推进社区的建设与发展，这与治理理论前提完全相符。因此，完全可以将治理理论运用到社区研究中来。社区治理是一种集体选择过程，是政府、社区组织、企业、非营利组织、居民等共同管理社区公共事务的合作互动过程。夏建中认为，社区治理特别是我国城市社区治理要理清以下几个方面的情况。

第一，社区治理的必要性。作为治理结构的社区具有以下独特的优势。其一，社区中互动的成员未来相互之间影响的可能性很大。因此，存在一种强力推动人们以有益于社会的行为方式而避免未来遭受报复的激励机制，实际上，这就是人们长期互动过程中的互惠链的机制。其二，社区成员相互作用越频繁，也就是社区居民参与社区的活动越多，就越可以降低成本，增加收益；还可以更多发现其他成员的特点、近期行为和远期的可能行为。这种信息越易于获得和广泛传播，社区成员就越有动力以促进集体效益后果的方式行动。其三，社区通过成员之间惩罚"反社会"的行为而克服"搭便车"的问题。

第二，社区治理的界定。社区治理就是在接近居民生活的多层次复合的社区内，依托政府组织、企业组织、社会组织和居民自治组织以及个人等各种网络体系，应对社区内的公共问题，共同完成和实现社区社会事务管理和公共服务的过程。

第三，治理的主体，包括政府及其派出机构、居民自治组织、志愿者组织、私人机构、公司以及个人等。在国外的社区内，基本上已经没有正式的政府机构；在我们国家，社区仍然有党和政府的派出机构。所以，社区治理的主体包括政府组织、准政府组织和各种非政府组织。

第四，治理目的是为居民提供公共产品。这些公共产品包括物资的和非物资的，前者指的是满足社区居民的基本设施建设等，而后者更重要，主要是指社会资本。伯明翰大学研究地方治理的学者海伦·苏利文指出，社区治理有三大核心主题，即"社区领导力、促进公共服务的供给与管理、培育社会资本"。具体到我们国家现阶段，社区公共产品主要包括社区就业，社区社会保障，社区救助，社区卫生和计划生育，社区文化、教育、体育，社区安全服务，以及社区流动人口的管理和服务等多方面内容。不过，在非物资方面特别是社会资本的培育和提供，今后应当特别加以重视。

第五，治理的方式，即合作、自治、参与以及建立更多横向结构的居民组织。帕特南以及很多学者的研究都证明，社会信任源于公民参与的网络联系和互惠规范，尤其指那些由各种不同社团"水平"构成的居民结社活动。而垂直网络的组织结构，因其强调下对上的职责且信息不对称，则很难产生这种信任关系。从水平网络的观点而言，居民自发建立或者社区提供社团参与渠道，不仅能够减轻政府介入公共事务的负担，而且可以培养社区自治的能力，是建构公民社会的基础。我国城市社区更多的是垂直型的网络，更多的是领导与被领导的关系。各种组织之间平等合作、平等参与社区各种事务决策的局面，虽然已有萌芽，但是还相当微弱。

从一定意义上讲，社区体制对街居体制的替代和进一步发展是治理理论在社区运用的一个重要成果，它推动着中国城市基层社会的管理模式由统治向治理转变。传统的街道办事处、居民委员会是代表政府对社区进行管理的唯一合法行为者，其管理方式是自上而下的行政指令型，即政府部门通过行政等级将上级命令逐层传达到街道，街道再传达到居民委员会，由居民委员会传达到居民。居民在这一权力链条中反馈的信息十分有限。而社区管理模式由街居体制向社区体制的转变，推动了社区中各发展主体的变化，并要求社区中各行为主体之间各司其职、分工合作，体现了国家—社区关系的变化，即面对社会公共事务国家已经不再把自己看作唯一的解决者，而是开始调动各种社会资源和力量来共同解决。也就是说，国家正在逐步把一部分社会事务交给社会自身来做，逐步从某些社会管理领域撤出。而社会自身也会由于参与公共事务管理逐步变得独立起来，这是一个独立自主的社会领域产生的必要条件。社区治理要达到社区善治的效果，不同于计划经济时代政府对社会基层的行政控制，而应该呈现出治理主体的多中心、治理理念的平等共赢、治理方式的协商合作等特点，具体是指在城市社区，政府（城市基层区街政府）与各种个人与组织（居民委员会及其他社区社会组织）合作解决社区公共问题、实现社区公共利益最大化的过程。

第二节　社会资本理论

社会资本理论是近些年备受关注与广为运用的一个理论。在社区研究中，学者经常用社会资本理论来说明社会资本对于解决社区公共事务、达至社区公共利益的重要作用。

一、社会资本理论的基本内容

社会资本是从新经济社会学演化出来的，并在近几年成为一个国际性的学术研究热点。社会资本理论是社会学研究中新兴的一种理论工具，这一工具因其较强的解释功能而被社会学的实证研究者们所热衷。但是由于理论不成熟，仍存在许多争议。其中，理论层次的混乱是一个关键问题。因此，这一理论也遭到学术界的批评，直至有人最近公开呼吁"拒绝使用'社会资本'概念"。下文在回顾社会资本研究缘起的基础上，主要通过梳理布迪厄、科尔曼和帕特南三位代表人物的主要观点来达至对社会资本理论的初步了解。对于"社会资本"研究的起源，就其词源意义上来说，物质资本—人力资本—社会资本的演化线索是很清晰的。在古典经济学中，资本指的是以交换媒介为体现形式的价值凝结物，具有具体的物质形态。马克思指出：资本不是物，它体现的是资产阶级社会的生产关系。但是从其形态而言，马克思视资本为一种生产要素，是一切用于生产、扩大再生产或提高生产效率的物质及其载体。可以说，这时人们对资本的理解局限于物质资本。第一种非物质形态的资本是舒尔茨和贝克尔于 20 世纪 60 年代引入经济学分析中的，他们认为社会拥有的受过教育和训练的健康的工人决定了古典生产要素的利用率，从而提出人力资本的概念。很显然，这一概念超越了资本的物质形态，并将其涵义扩展为"一切能带来价值增值的资源"。这一概念的拓展不仅为社会科学开辟了新的研究领域，而且也为经济学家和社会学家提供了又一对话的空间。

社会学家认为人们之间的各种联系和互动也能给人们的行动带来便利，具有价值增值的效应，也应该纳入资本的范畴，这使社会资本的概念也出现在了资本的概念集中。

当代的社会资本概念，源于这样一种思想：非经济的社会关系对人们获取有价值的东西有着直接的影响。埃莉诺·奥斯特罗姆认为，最早将社会资本看作社会关系的功能，而且最接近于现代社会资本概念的研究至少可以追溯到汉尼凡关于满足个人的社会需要的讨论。汉尼凡指出：善意、友谊、同情心以及构成社会纽带的个人和家庭之间的社会互动，可以产生人们在日常生活中有价值的东西，如不动产、个人财产或者现金。汉尼凡还通过实际的案例，来说明怎样利用社会资本来促进社区"娱乐的、知识的、道德的和经济的条件"，提高社区的生活质量。布朗从系统主义的角度出发，把对社会资本概念的使用分为三个层次：微观层次、中观层次和宏观层次。布迪厄、科尔曼、帕特南的理论正好代表了这三种不同层次。

布迪厄最早将社会资本这一概念引入社会学研究领域，并加以系统分析。1980年，他发表了《社会资本随笔》一文，将社会资本界定为"实际或潜在资源的总和，这些资源是同对某种持久性的网络的占有密不可分的，这一网络是大家共同熟悉的、得到公认的，而且是一种体制化关系的网络。也就是说，这一网络是同某个团体成员的身份相联系的，获得这种会员身份就为个人赢得'声望'，并进而为获得物质的或象征的利益提供了保障"。布迪厄的社会资本概念是建立在社会承认的逻辑之上的，与地位、身份、声望等利益性和工具性因素密切相关。他关注的是个人通过参与团体活动不断增加的收益以及为了创造这种资源而对社会能力的精心建构，也即社会资本的形成是个体或团体一种有意识或无意识的投资策略的产物，并非社会行动的"副产品"。对布迪厄来说，社会资本既不能被还原成经济资本或文化资本，也不能独立于经济资本或文化资本而存在。对其他两种资本形式来说，社会资本起着"增效器"的作用，社会资本是通过经济资本和文化资本的社会交往而被创造并维持的。文化资本和社会资本共同构成象征资本，但他强调经济资本的主导地位。布迪厄的社会资本是在微观层面上使用的，社会资本作为个人联系的社会资本概念的使用通常可以在社会网络分析中找到，从这个意义上说，社会资本的研究始于社会网络分析。在社会网络的分析中，社会资本被理解为个体获取有利的人际关系网络的途径。

将社会资本的使用从微观层次过渡到中观层次的是科尔曼。科尔曼从社会资本的功能来界定社会资本，社会资本是根据其功能定义的。它不是一个单一体，而是有许多种，彼此之间有两个共同之处：它们都包括社会结构的某些方面，而且有利于处于某一结构中的行动者——无论是个人还是集体行动者——的行动。和其他形式的资本一样，社会资本也是生产性的，能够使某些目的的实现成为可能，而在缺少它的时候，这些目的不会实现。与物质资本和人力资本一样，社会资本也不是某些活动的完全替代物，而只是与某些活动具体联系在一起。有些具体的社会资本形式在促进某些活动的同时可能无用甚至有害于其他活动。科尔曼认为社会资本的基本表现形式有：第一，义务与期望。在"相互服务"的社会结构中，人们相互之间形成的义务与期望构成了有用的社会资本。对于这种形式的社会资本，社会环境的可信任程度至关重要。第二，信息网络。个体可以利用自己拥有的业已存在的社会关系网络获取有利于行动的信息。第三，规范和有效惩罚。这种社会资本不仅为某些行动提供便利，同时限制其他行动。第四，权威关系。人们之间以控制权为形式的权威关系体现为社会资本，这种权威关系有利于解决共同性的问题。

在科尔曼那里，不同形式的社会资本具有相似的特征，最明显的是社会结构特征和公共产品性质。所谓具有社会结构特征，是指社会资本表现为人与人之间的关系，存在于人们之间的社会关系网络和人们组成的社会组织之中。而所谓的公共产品性质，是指社会资本的不可让渡性、互惠性、收益共享性等。社会资本来源于社会结构的功能，社会结构体现为可以利用的资源，它不仅有利于身处同一社会结构中的所有个体的个人目标的实现，而且有利于集体行动的达成。总之，科尔曼提供了对社会资本的更广泛的理解，社会资本不仅是个人利益增加的手段，也是解决集体行动问题的重要资源。奥斯特罗姆指出，认识到社会资本对于集体行动的作用，这一点对于集体行动理论及公共政策理论有着极为深刻的含义。但真正将这一思想加以深化和拓展的是帕特南。

帕特南在《使民主运转起来》（1993）中，将社会资本概念的应用进一步扩展到更大规模的民主治理研究中。在这本书中，帕特南这样定义社会资本：社会资本指的是社会组织的特征，例如，信任、规范和网络，它们可以通过促进合作行动而提高社会效率。社会资本包含的最主要的内容就是社会信任、互惠规范以及公民参与网络。帕特南在这项研究中发展了一种社会资本如何促进民主治理以及经济繁荣的理论。他将意大利北方和南方地区政府绩效的显著差异最终归因于公民参与以及人们之间信任水平的差异。他指出，"至少在10个世纪里，北方和南方对于困扰所有社会的集体行动的困境采取了完全不同的方法。在北方，互惠规范和公民参与网络已经深深体现在社会中，如行会、互助会、合作社、工会，甚至是足球俱乐部和识字会。这些横向的公民联系所支撑的经济和制度绩效水平总体上大大高于社会和政治关系始终被垂直建构的南方"。他认为，社会信任、互惠规范以及公民参与网络是相互加强的，它们对于自愿合作的形成以及集体行动困境的解决都是必不可少的。其中，社会信任是社会资本最关键的因素；普遍互惠有效地限制了机会主义的行为，将导致那些经历重复互惠的人之间的信任水平的增加；稠密的社会交换网络将增加关系的重复和联系，从而也将增加社会信任水平。最后，帕特南指出，大力发展社会资本是解决行动困境的一条捷径；社会资本是使民主得以运转的关键因素；但建立社会资本并非易事，它需要很长时间。除了运用社会资本的理论框架分析意大利的民主治理状况外，帕特南还讨论了美国的社会资本及其对美国经济和政治的影响。帕特南得出结论说，美国的社会资本正在下降。帕特南的研究开创了宏观层次社会资本理论研究之先河。

总之，布迪厄、科尔曼和帕特南三位代表人物的社会资本概念，描述了社会资本概念从微观层次到中观层次再到宏观层次的逻辑发展过程，同时也展现了社会资本作为一种解释范式演变成新的理论研究途径的过程。以上三个层次的社会资本概念的使用，基本体现了目前社会资本理论研究的三个层次。其实，社会资本研究层次的区分并不在于社会资本的定义如何，而是在于使用社会资本的定义和框架进行研究的问题本身的层次差异。

二、社会资本理论的社区应用

社会资本理论是近年来新兴的理论，它为我们研究和透视社会提供了一个崭新的视角，使我们对社会行动、社会关系和社会结构的理解和认识进一步深化，尤其是对于研究当前处于转型期的中国社会具有特殊的理论价值。在中国城市社区这一复合体场域中，用社会资本理论来分析社区建设，有着无限的理论生机与实践意义。

王思斌认为中国城市社区建设的时空特性可以归纳为 20 世纪 80 年代以来的统治危机和社会资本下降的双重背景下中国版本的"社区主义的浪花"，基于此，他提出城市社区建设的"善治"和"重建社会资本"这一双重目标模式。善治的本质特征是有一个具有实现城市居民社会生活公共利益最大化的决策、实施、动员能力的社会管理制度体系，而重建社会资本就是为市民重新建构因单位制的变迁、原有关系网络的破坏等因素而下降或丧失的社会资本，包括重建信任关系、重建社会协调的共识性规范、重建市民的社会网络三大相互关联的部分。

孙立平区分了社区建设与社区发育这两个概念。他认为社区建设是指社区中那些可以在一个比较短的时间内通过自觉的努力和行动实现其发展的内容，比如社区中的物质设备和设施、正式的管理机构以及有意设置的处理社区事务的机制等，而社区发育是指需要经过相当长的时间，以较为缓慢的速度，主要通过自然发育和演进的方式才能达到发展的那些因素，比如社区的文化与人文环境、人际关系、志愿性团体的发展等。但无论是社区建设还是社区发育，基本的目标都是社区发展和社会整合，即在一定的地域的基础上，通过特定的社会组合形式，形成一种社会生活的共同体，从而形成社会秩序和社会发展的基础。孙立平进一步指出，社区发育的真正内涵即社会资本的创造，为此需要在社区认同、社会交往与社会关系、社区组织这三个社区的社会性特征上着力。

隋广军等认为，城市社区社会资本是城市社区内部的个人和组织在长期内外互动中形成的，在互惠规则规范下的互利关系。要培育好我国城市社区社会资本，应重点做好以下几个方面的工作：①让社区个体积极参与社区建设活动；②社区成员单位对社区建设的参与；③培育和引导各类社区非政府组织参与社区建设；④大力培育社区信任网络和体系；⑤创造和睦的家庭和邻里关系；⑥培养社区价值观，形成良好的社区规范。

由上可见，社会资本的积累对于社区集体行动的达成具有重要意义。社区建设需要社区成员通过集体行动来实现对社区公共事务的有效管理，并达至公共利益的实现，但集体行动的逻辑却很难避免"搭便车"集体行动的困境。解决这种困境的关键在于促进社区内部各利益相关者之间的合作，通过"规范共同行为的激励机制""社会成员相互作用的频度"等来达成公共活动，实现信任、互助、合作，以这些社会资本要素促成个人利益与社区利益的共赢。所以，就一个社区而言，社会资本总量的多寡与分布状况，决定了社区活力和凝聚力的强弱以及社区治理的绩效和效率。社会资本存量丰富且分布均衡，居民的社区归属感就强，社区治理的效果就好，社区发展的目标就能顺利实现；反之，社区就会因居民不愿参与社区事务而缺乏认同感，社区发展的目标就很难实现。

但是，目前城市社区建设中存在着较为明显的行政化倾向，没有将城市社区建设作为实现民主自治和培育社会资本的有效办法，而社区居民对现有的社区建设态度消极，只是被动参与，最终使社区建设停留在表面阶段，难以发挥培育社区社会资本、实现社区居民自治的根本目的。对此，现阶段作为社区建设推动者的政府应该有所警觉，并在今后的社区建设中努力改变现有的做法，更为明确地将实现城市社区自治和培育现代社会资本作为社区建设的根本目的。政府应有意识地逐步培育及建立城市居民和组织间的信任、规范与网络，增强社区居民对社区的认同感和归属感，调动社区居民参与社区建设的积极性，从而达到建立现代公民社会和增强社区居民社会资本的目的。

三、社区社会资本理论的有限性

社区社会资本理论的有限性主要体现在以下两个方面。

第一，关于社会资本概念的含义问题。纽顿在他的《社会资本与现代欧洲民主》一文中指出，帕特南的社会资本概念将主观的社会规范（信任）、客观的社会特征（社会网络）和结果（有效性和效能）混合在一起，这种处理方式的好处是它将概念的不同方面以一种有用的方式结合起来，从而赋予它们以巨大的解释潜力；同样，它也存在着不足，即它将不同事物糅合在一起，甚或是混淆起来，而这些事物之间的关系本应是经验性调查的对象。与其将这三者都看作同一事物的一个片断和部分，进而将它们都囊括在定义之下，不如将它们分割开来，把它们之间的关系当作所要调查的一个问题。区分了作为规范和价值的社会资本。"心灵的习惯"作为网络的社会资本（正式群体和正式组织）以及作为结果的社会资本（促进集体行动），并在这个基础上建立了三种社会资本模型，讨论了三种不同的社会资本模式与三种不同民主模式之间的关系。他首先肯定了社会资本研究的价值，同时也指出了社会资本研究存在一定的问题。主要问题包括以下几个方面：①来自不同社会学传统的社会资本的修正主义者试图用太少的理论来解释太多的现象；②社会资本到底是社会关系的基础还是社会关系的内容，这个问题没有搞清楚；③社会资本可以为相互矛盾的公共政策措施进行辩护，从而被来自政治领域内鼓吹各种观点的人所利用；④社会资本思想混淆了社会资本的来源与结果，可以证明对立的社会政策都合理，并低估了社会资本的消极面等。

第二，关于社会资本的测量问题。社会资本的测量一直是社会资本研究中存在争议的问题。在实际研究中，社会资本这一概念的具体运用存在着许多困难。任何经济资本都可以化约为一个统一的尺度——货币，并通过货币数量的多少来加以衡量。对于社会资本而言，情况就不一样了。每个人的社会资本都是独特的、与他个人紧紧依附在一起的，无法转让。而且，社会资本也无法用一个统一的尺度加以衡量——谁能准确地说出某人的关系资源值多少钱呢？这就排除了社会资本的可比性与量化能力，实际上大大加大了运用社会资本概念分析经济问题的难度。如果说社会资本概念在微观层面上加以运用存在一定难度的话，那么，在社会宏观层面上困难就更大了。例如，要准确计算社会资本对社会经济增长的贡献率，是非常困难的一件事情。因为，我们无法知道某个社会在特定时间内的社会资本总量，更谈不上根据有关统计数据来分析其对经济增长的贡献率。

第三章 社区治理的主体

第一节 社区自治组织

一、社区居民委员会

（一）居民委员会的历史沿革

1949 年至 1957 年，是居民委员会的创建阶段。居民委员会作为我国城市居民的自治组织，是随着中华人民共和国的成立和发展而产生和发展起来的。早在 1949 年底和 1950 年初，我国一些城市就出现了群众自己组织起来的防护队、防盗队、居民组等名称各异的自治性组织。1950 年 3 月，天津市率先以居民委员会命名。随后，全国 70 多个城市都先后建立了居民委员会。1953 年 6 月，时任中央政法委员会副主任和北京市市长的彭真，向中央政府递交了《关于城市街道办事处、居民委员会组织和经费问题的报告》。彭真在报告中指出，街道居民委员会是需要建立的。它的性质是群众自治组织，不是政权组织。它的任务，主要是把工厂、商店和机关、学校以外的街道居民组织起来，在居民自愿原则下，办理有关居民的共同福利事项，宣传政府的政策法令，发动居民响应政府的号召和向基层政权反映居民意见。居民委员会应由居民小组选举产生，在城市基层政权或其派出机关的统一指导下进行工作，但它在组织上并不是基层政权的"腿"，不应交付很多事情给它办。中央政府批准了彭真的报告，各地建立的居民委员会组织名称逐步统一起来，性质都是群众性自治组织。为了确立居民委员会的法律地位，保障该组织的建设和工作能够顺利进行，1954年12月31日，第一届全国人大常委会第四次会议通过并颁布了《城市居民委员会组织条例》，第一次用法律形式明确了居民委员会的性质和地位。该条例的颁布和实施，极大推动了城市居民委员会建设工作的全面开展。到1956年，全国绝大多数城市已经建立了居民委员会，在街区中基本形成了作为基层政权的街道办事处与作为基层自治组织的居民委员会相衔接的格局。

1958年至1978年，是居民委员会的曲折发展阶段。1958年，随着"大跃进"和人民公社运动的兴起，城市基层政权被"党政合一""政社合一""工农兵学商五位一体"的人民公社代替，居民委员会开始成为人民公社体系的一部分。1967年后，各地成立了革命委员会，居民委员会也改称"革命居民委员会"，并赋予一级行政机关的权力。

1979年至今，是居民委员会的法制化阶段。1980年1月，全国人大常委会重新颁布和实施了《城市居民委员会组织条例》，恢复了居民委员会的名称，规定居民委员会的工作统一由民政部管理。1982年我国重新修订颁布的《中华人民共和国宪法》第一百一十一条，首次在根本大法中明确规定了居民委员会的性质、任务和作用。具体内容是城市和农村按居民居住地区设立的居民委员会或村民委员会是基层群众自治组织。居民委员会、村民委员会的主任、副主任和委员由居民选举产生。居民委员会、村民委员会同基层政权的相互关系由法律规定。居民委员会、村民委员会设人民调解、治安保卫、公共卫生等委员会，办理本居住地区的公共事务和公益事业，调解民间纠纷，协助维护社会治安，并且向人民政府反映群众的意见、要求和提出建议。此后，全国各地根据宪法规定，在民政部门的指导下，对城市居民委员会进行了全面整顿和改造，重新建立了组织机构，建立健全了各项规章制度，居民委员会工作逐步走上正轨。1989年12月26日，全国人民代表大会常务委员会第十一次会议通过并颁布了《中华人民共和国城市居民委员会组织法》，对居民委员会的性质、任务、职责、组织原则及居民委员会同基层政权的相互关系等都做了进一步规定，标志着我国城市基层群众自治制度有了一个相对成熟且比较完备的法律基础，标志着我国城镇社区和居民委员会的建设进入了一个新的发展时期。90 年代以后，北京、天津、上海、广州等城市进行了社区管理体制改革，这些城市坚持"重心下移，立足基层"，建立完善的"两级政府、三级管理、四级落实"，重点改革"事权下放"。

（二）居民委员会的性质与特征

1954 年全国人大常委会通过的《城市居民委员会组织条例》规定"居民委员会是群众自治性的居民组织"。1982 年重新修订后的宪法规定，居民委员会为"基层群众性自治组织"。1989 年 12 月《城市居民委员会组织法》规定"居民委员会是居民自我管理、自我教育、自我服务的基层群众性自治组织"，这些法规明确了自治性是居民委员会的根本法律属性。

（三）居民委员会的地位与作用

社区居民委员会在社区中具有重要的地位，发挥着极其重要的作用。一是社区居民委员会是实现人民民主的重要组织形式；二是社区居民委员会是城市基层政权的重要依靠力量；三是社区居民委员会是党和政府联系群众的桥梁和纽带；四是社区居民委员会是"两个文明"建设的重要力量。

（四）居民委员会的结构

居民委员会的内部结构可以从工作人员的设置与工作委员会的设置两个方面考察。在专职工作人员设置方面，《城市居民委员会组织法》规定：居民委员会由主任、副主任和委员共 5—9 人组成。居民委员会主任、副主任和委员，由本居住地区全体有选举权的居民或者由每户派代表选举产生；根据居民意见，也可以由每个居民小组选举代表 2—3 人选举产生。居民委员会每届任期 3 年，其成员可以连选连任。在工作委员会设置方面，《城市居民委员会组织法》第十三条规定，居民委员会根据需要设人民调解、治安保卫、公共卫生等委员会。居民委员会成员可以兼任下属的委员会的成员。一般来说，居民委员会内部设置六大委员会：治安保卫委员会、社会福利委员会、文教卫生委员会、人民调解委员会、妇女代表委员会和青少年教育委员会。此外，居民委员会还可以成立其他群众性组织机构，如社区服务志愿者分会、计划生育服务站、社会治安综合治理调解小组、外来人员管理小组、红十字会分会、居民委员会社区服务站、居民委员会文化站等。

二、社区业主委员会

（一）业主委员会的发展

社区业主委员会是一种新兴的群众自治性组织，并在近些年的社区自治中发挥了积极作用，受到了学者和实践工作者的关注。我国业主委员会产生的最直接原因是住房制度改革和商品房市场的形成。随着住房分配货币化改革的不断推进，"城市房屋产权逐步个人化业主"的概念产生并逐渐深入人心，业主委员会作为代表和维护全体业主权利的自治组织也应运而生。1991 年 9 月，全国第一个"业主管理委员会"在深圳万科天景花园正式成立。后来这一模式被业主、政府有关行政主管部门普遍认可，在全国逐步推广。深圳市和上海市人大常委会分别于 1994 年和 1997 年颁布了《深圳经济特区住宅区物业管理条例》和《上海市居住物业管理条例》，明确住宅小区应当建立"业主大会、业主委员会制度"。2003 年 6 月 8 日，国务院颁布了《物业管理条例》，规定了业主委员会的权利和义务。这表明我国在立法层面上正式确认业主委员会制度，该制度在全国范围内正式确立。

业主委员会制度的建立，改变了过去房管部门统管的格局，建立了业主自我管理与物业管理专业服务相结合的管理模式。而且，业主通过参与社区管理，可以提高运用民主程序管理自己事务的能力，由此培养人们的民主意识，促进社会基层民主的发展。但在实际的社区生活中，业主委员会并未成为基层社区治理结构中最具决定性的力量，它们的生存处境依然非常艰难。

（二）业主委员会的性质与地位

《物业管理条例》规定，业主委员会是在物业管理区域内，在房地产行政主管部门指导下，由住宅小区业主选举产生，代表全体业主对物业实施自治管理的组织。业主委员会是来自民众的合法自治组织，运作经费来自维修基金，以此区别于其他依赖政府的社团组织。

业主委员会的地位表现为：第一，业主合法权益的代表。业主委员会是全体业主合法权益的代表，宗旨是保障业主拥有的物业管理和使用中的相关权益，维护本区域的公共秩序，创造整洁、优美、安全、舒适、文明的社区环境。协调居民同物业管理公司的关系，保障社区的良性运转。第二，业主参与社区民主管理的组织形式。业主委员会是业主依据法律、法规，根据民主原则，确立自治规范，实现自我教育、自我服务和自我管理本区域内的物业活动的一种有效途径。业主委员会为业主参与基层政治提供了机会和平台，有利于增强其利益表达和聚合能力，扩大业主的参与空间和社区自主权。业主委员会与社区其他组织、个人形成良性互动，培育和优化社区民主自治机制，奠定城市基层民主特别是社区自治的组织基础。第三，社区多元治理结构的组成部分。业主委员会的出现，促进了基层治理和社区权力结构变迁。业主委员会成为社区权力结构中的一级，促进了基层社区管理的多元化发展。

（三）业主委员会的机构设置

1. 业主委员会的建立

一般而言，一个物业管理区域只设一个业主委员会。物业管理区域的范围，由区、县房地产管理部门按照住宅与公共设施的具体情况划定。有下列情况之一的，所在地的区、县房地产管理部门，应同住宅出售单位组织召开首届业主大会或者业主代表大会，选举产生业主委员会：公有住宅出售建筑面积达到30%；新建商品住宅出售建筑面积达到50%；住宅出售已满两年。满足上述条件之一的，建设单位或业主可以向区、县房地产管理部门提出成立业主大会的书面要求。区、县房地产管理部门接到建设单位的书面报告或业主的书面要求后，应同街道办事处或乡、镇人民政府组织业主推荐产生业主大会筹备组。筹备组由业主代表组成，成员名单应当自成立之日起七日内在物业管理区域内书面公告。

2. 业主委员会委员的产生

业主委员会委员从业主中选举产生，名额分配取决于业主在该物业中所拥有的业权份额，具有较大业权的业主，在业主委员会中应占较多的委员名额；但分散业主也应占有相应比例的委员名额。如果某物业 30% 业权为分散的业主，那么，30% 的委员应该由这些分散的业主推选。非业主不得成为业主委员会委员。业主委员会委员应由品德好、热心公益事业、责任心强、有一定组织能力和必要工作能力的成年人担任。有下列情形的人员不得担任业主委员会委员，已担任的须停任，并由下届业主大会或业主代表大会确认：①已不是业主的；②无故缺席会议连续三次以上的；③以书面形式向本会提出辞呈的；④因身体或精神上的疾病而丧失履行职责能力的；⑤被司法部门认定有违法犯罪行为并正在接受调查的；⑥个人已宣告破产或担任企业法定代表人期间企业破产三年内的；⑦其他原因不适宜担任本会委的。业主委员会委员每届任期为 2~3 年，可以连选连任。在任期届满时，应选举新一届业主委员会。选举工作应由原业主委员会主持，房地产行政主管部门可派人参加，新一届业主委员会名单应报物业所在地的区、房管部门备案。

3. 业主委员会的组织设置

在业主委员会的人员设置方面，业主委员会的人员结构根据物业规模设置，一般设委员 5~15 名，其中，主任 1 名、副主任 2 名。业主委员会聘任执行秘书一人，负责处理本会的日常事务。执行秘书可以不是本会委员。业主委员会主任、副主任、执行秘书可以是专职，也可以兼职。经业主委员会同意，他们可以根据承担的工作情况获得津贴。在业主委员会的机构设置方面，业主委员会成立后，可以在内部成立若干部门，可以成立办公室、宣传部、监督员部、法律事务部与协调部等部门。办公室作为综合管理部门，负责执行业主委员会决议、接待等日常工作；宣传部负责所有宣传工作；监督部负责联系业主、收集意见、起草文案；法律事务部负责相关的法律工作、文案审核；协调部则主要负责业主委员会和开发商之间的工作协调。有的小区还会成立专项事务小组，征求业主意见，与相关部门沟通，向业主委员会提交进程报告，尽力促进有关问题的合理、有效解决。

（四）业主委员会的权利与义务

业主委员会是业主大会或业主代表大会的常设机构，代表全体业主执行业主大会作出的决议，维护全体业主的合法权益，是全体业主实现共有物业管理权的自治组织管理的核心机构。业主委员会的权力按照各地地方性法规、行政规章制度的规定执行，主要权力如下。①召集和主持业主大会或业主代表大会。除首次"业主大会"外，以后每年召开的年度大会均由业主委员会负责召集和主持。遇有特殊情况，业主委员会有权召集和主持召开"业主大会特别会议"。②提出修订《业主公约》《业主委员会章程》的议案。业主委员会有权根据本物业的实际情况进行修改。修订后的条款应经业主大会通过，并报物业主管部门备案。③选聘或解聘物业管理企业，与物业管理企业订立、变更或解除物业管理委托合同。④审订物业管理企业提出的物业管理服务年度计划、年度财务预算和决算。一般而言，业主委员会提出物业管理服务内容和标准，物业管理公司据此提出测算依据和收费标准，经双方协商后签订物业管理委托合同，确定物业管理服务费。⑤监督检查物业管理企业的物业管理工作。业主委员会根据物业管理委托合同和上一年度工作计划听取和反映广大业主（即，使用人的意见，检查、监督物业管理工作的落实情况，审核物业管理公司所作的年度财务决算报告》⑥监督公共建筑、公共设施、物业管理服务用房的合理使用。⑦业主大会或业主代表大会赋予的其他职责和权利。

业主委员会在享有上述权利的同时，还应履行下列义务：筹备并向业主大会或业主代表大会报告工作；执行业主大会或业主代表大会通过的各项决议、决定，接受广大业主的监督；贯彻执行并督促业主和物业使用人遵守物业管理的有关法规、规章和规范性文件，协助物业管理企业落实各项工作，对业主和物业使用人开展多种形式的宣传教育；听取业主和物业使用人的意见和建议，监督物业管理企业的管理服务活动，完成和实现物业管理区域的各项管理目标；调解业主和物业使用人与物业管理企业发生的纠纷，建立本会档案制度；接受市、区、县房地产管理部门的业务指导和检查；本会的决定不得违反法律、法规和国家政策，不得违反业主大会或业主代表大会的决定，不得损害公共利益。

第二节　社区社会组织

一、社区社会组织的含义与分类

从社会组织的社会关联出发，社区社会组织（也称为"社区自组织"）是指以社区居民为成员、以社区地域为活动范围、以满足社区居民需求为目的，在政府扶持和社区居民委员会指导下，在法律、法规允许范围内，由居民自发组织，介于社区主体组织（社区党组织、社区居民委员会）和居民个体之间的组织。从社区社会组织的功能出发，社区社会组织可以界定为"独立于政府之外，处于政府和社区成员之间的，以联系和动员社区成员参与社区活动、支持社区发展为主要目标的社区层面的各类非营利组织"。从组织性质出发，王名在《非营利组织通论》（2004）一书中将社区社会组织界定为社区组织或个人在社区范围内单独或联合举办，在社区内开展活动，满足社区居民不同需要的非营利组织，包括正式登记的具有合法身份的社区社会组织和还没登记的不具有合法身份的社区准非营利组织。综合以上各种说法，可以看出社区社会组织是社区治理的主体之一，而且是在社区地域范围内，为社区居民提供公共服务的非营利组织。

根据社区社会组织涉及的领域，可以将其分成：①文化、教育、体育活动类，如社区、学校、文艺表演队、健身队等；②社区福利类，如社区托老所、社区敬老院等；③维护权益类，如社区法律援助中心、社区环境保护协会、调解委员会、信访代理室等；④社区服务类，如社区食堂、助老服务社等；⑤社区管理类，如业主委员会、业主委员会工作室等；⑥志愿类，如社区志愿者组织、义工组织等。根据组织的法律地位来划分，社区社会组织可以分为正式登记注册的、在街道或居民委员会备案的、未登记也未备案的三类。根据组织目标与受益者之间的关系，可将社区社会组织分为经营类组织、慈善类组织和互助类组织。

二、社区社会组织的特征

社区社会组织能够通过各种活动和服务参与社区治理，弥补政府和市场公共服务的不足，是社区治理的重要社会力量。社区社会组织既有一般社会组织的共性，又具有自己的个性。

（一）一般非营利组织的特征

民间性。它不是政府行政系统的组成部分，除遵守国家法律、政府的行政法规外，组织内部的人员安排、业务活动等方面不受制于政府。

自主性。组织成员自己管理自己，组织的领导人由组织成员自己选举或推选产生，不由其他组织指派，活动内容和活动方式由组织成员自己决定。

志愿性。一个居民是否要成为某社区社会组织的成员，完全出于自愿。成员是否参加组织的活动，也是根据自愿的原则。

群众性。不受党派、政治面貌的限制。

非营利性。组织开展的各种活动不以营利为目的，在有经济条件的地方，社区社会组织可从社区居民委员会获得一些活动基金，在经济条件较差的地方，则需要通过收费，但这些收费只用于本组织活动经费，而不是用来营利。

（二）社区社会组织的特性

社区性。社区社会组织产生于社区，其组织成员来源于社区居民，其组织活动范围一般只限于本社区。

松散性。组织成员具有较大的自由度，加入组织的资格和参加组织活动，不像一般的非营利组织那样严格。即有兴趣、有时间则参加，否则不参加，完全由自己决定。

非正规性。加入社区社会组织不用通过介绍人，不用经过组织审批，其加入资格就是本社区居民、加入条件就是本人有兴趣。

非法人性。大多数社区社会组织规模较小，并没有达到去民政部门登记注册的条件，因此，它们多是经街道办事处、社区居民委员会同意成立并备案的，属不登记范围，其本身不具法人地位。

本土性。社区社会组织根植于本社区，土生土长，这一点与许多外来的非营利组织进入社区开展工作和活动不同。

（三）社区社会组织的地位

社区社会组织在加强社区管理、推进社区自治、拓展社区服务、培育社区意识、化解社会矛盾、整合社会资源、凝聚社区力量、活跃社区文化、推进公益事业、加强精神文明建设中日益显现出其独特的优势，是构建和谐社区的不可或缺的力量。

第三节　物业管理公司

在当前各社区治理主体中，物业管理公司属于营利性组织，它是随着我国房屋商品化的过程发展起来的，并在社区治理中发挥了重要作用。

一、物业管理公司的定义及发展

按照国务院制定的《物业管理条例》中的规定，物业管理公司是指取得物业管理企业资质证书和工商营业执照，接受业主或者业主大会的委托，根据物业服务委托合同进行专业管理，实行有偿服务的企业。

1981 年全国第一家物业管理服务公司——深圳市物业管理公司成立。自此，我国的物业管理行业开始了突飞猛进的发展，国外先进的物业管理理念逐步为人们所接受和引进。各地的物业管理服务机构如雨后春笋般纷纷设立，越来越多的人开始投入物业管理行业。1994 年建设部颁发的第 33 号部长令《城市新建住宅小区管理办法》确立了物业管理新体制，标志着中国物业管理行业真正开始在全国范围内起步发展。2003 年 9 月 1 日国务院颁布的《物业管理条例》正式开始实施，标志着物业管理开始进入法治化、规范化的发展阶段。2008 年 3 月，第十届全国人民代表大会第五次会议高票通过了《中华人民共和国物权法》，从民事基本法律层面，将物业管理活动相关的基本概念和基本制度进一步明确和法治化。

二、物业管理公司的权利与义务

根据建设部《城市新建住宅小区管理办法》第八条规定，物业管理公司的权利和义务分别如下。

（一）物业管理公司的权利

（1）物业管理公司应当根据有关法规，结合实际情况，制定小区管理办法；

（2）依照物业管理合同和管理办法对住宅小区实施管理；

（3）依照物业管理合同和有关规定收取管理费用；

（4）有权制止违反规章制度的行为；

（5）有权要求管委会（相当于业主委员会）协助管理；

（6）有权选聘专营公司（如清洁公司、保安公司等）承担专项管理业务；

（7）可以实行多种经营，以其收益补充小区管理经费。

（二）物业管理公司的义务

（1）履行物业管理合同，依法经营；

（2）接受管委会和住宅小区居民监督；

（3）重大的管理措施应当提交管委会审议，并经管委会认可；

（4）接受房地产行政主管部门、有关行政主管部门及住宅小区所在地人民政府的监督指导。物业管理公司须向工商行政管理部门申请注册登记，领取营业执照后，方可开业。

第四章 社区治理模式

第一节 社区治理模式的内涵及构成要素

社区治理模式与社区治理体制是两个既相互区别又相互联系的概念。社区治理体制是基于相对宏观层面，对社区治理主体的组织结构、职权划分和运行机制的总和的概括；而社区治理模式则基于相对中观或微观的层面，关注在一定社区治理体制下各地在实践中形成的不同的模式或类型。也就是说，社区治理体制与社区治理模式相比，前者的内涵比后者更广，更一般化、抽象化，而后者比前者更具体化、细致化。在同一种社区治理体制下可以形成不同的社区治理模式，而不同社区治理体制下的社区治理模式肯定是不一样的。

一、社区治理模式的内涵

在介绍社区治理模式的定义之前先来了解一下什么是模式。模式是对事物存在方式的高度抽象和概括，是经验与理论之间的一种知识系统。按照美国著名社区工作专家罗斯曼的观点，模式是较为具体、详细和紧凑的内在形式或典范。模式处于较为松散的一般性取向和较为严谨的"理想类型"之间的位置。社区治理模式就是指对社区治理实践进行反思和概括得出的具有代表意义的典型形式，或是可以使人参照执行的标准样式。人们对社区治理模式概念的理解也经历了一个由窄变宽、由单层面变为综合化、由管理形态上升为理论范式的过程，人们的思想认识不断深入。概括而言，当前学者对社区治理模式的界定包括"标准样式""模型与范式""工作模式"四种不同的理解。

第一，模式是某种事物的标准形态或使人可以照着做的标准样式。社区治理模式一般是指一种相对稳定的社区功能结构方式，也就是根据社区治理需求的变化，把辖区内部有关组织的功能进行优化组合，构成一套区域共同体一体化的社区管理方式。

第二，实际工作部门对模式概念的基本理解是指社区治理形态与运行机制，即社区治理是如何运作的。

第三，有学者认为，模式包含"模型"和"范式"两层意义。从模型角度看，模式具有理论意义，它是一种实施理论或操作理论。从范式角度看，模式又具有实践意义，它是一种榜样或样式。

第四，工作模式是指如何推进社区治理或社区发展实践的操作化工作模式。

二、社区治理模式的构成要素

所谓社区治理模式的构成要素，就是指那些能区分和界定不同社区治理模式的要素。美国著名学者罗斯曼选择了十一种模式要素，并且借助这些要素界定和区分了一些经典的社区管理模式。这些要素是社区行动的目标类型、关于问题结构和问题状况的假设、基本的变迁战略、变迁策略和技术的特点、实践者的主要角色、变迁的媒介、对待权力结构的取向、社区服务对象系统或构成人员范围、关于社区亚群体利益的假设、服务对象人群或组成人员的概念，以及服务对象角色的概念。1995年，英国学者波普尔提出划分和区分社区管理模式的主要标准包括四项：社区工作战略、社区工作者的主要角色和称号、工作机构的类型和活动、代表性人物与著作。1996年，美国学者藐尔提出区分和界定不同社区管理模式的五个构成要素是：期望的结果、系统的目标或变迁的目标、社区的主要组成人员、关注的领域、社会工作的角色。

就目前中国的情况而言，有关学者认为社区环境，政府职能，市场作用，中介组织作用，社区工作者角色，社区服务对象、内容和范围，以及社区资源结构与状况等构成了我国社区治理模式的基本要素。具体如下。

一是社区环境与结构特征，包括宏观社会环境、社区性质与类型、社区居民构成与年龄结构、社会价值观与制度环境等。这是社区治理模式的背景，主要说明社区治理模式的特定社区环境，将社区治理模式放在特定时空关系中动态考察。

二是党的领导和政府职能，包括社区党建与党的领导、政府职能转变与社区治理体制。这主要说明国家与社区的关系，从国家与社区的关系角度分析社区治理过程。

三是市场作用与影响，包括市场机制作用与影响、有计划变迁与社区规划等。这主要说明市场与社区管理的关系，从市场与社区的关系角度分析社区治理实践活动。

四是以社区为基础的民间组织的地位与角色，包括社会团体、基金会、民办非企业单位和社区互助组织的状况。这主要说明民间组织在社区治理中所处的地位与扮演的角色，从民间组织与社区的关系角度分析社区治理运行机制。

五是社区工作者的组成与角色，包括社区工作者性别与年龄结构、受教育和专业化程度，社区工作目标与方法。这主要说明社区工作者在社区治理中发挥的作用与扮演的角色，社区工作者是社区工作与社区治理活动中最活跃和最能动的因素。

六是社区服务对象、服务内容和范围，包括弱势与劣势群体、普通社区居民与工作事项、工作方向。这主要说明社区治理实践活动与工作过程，分析社区治理实践活动的基本特征。

七是社区资源结构与状况，包括各式各样的社会资源分布与资金筹集渠道。这主要说明社区治理的物质基础与资源结构状况。

第二节 社区治理模式的国际经验

城市社区治理模式产生于不同的文化传统和政治、经济背景，并在社区治理上形成不同的政府与社会关系，产生了不同的管理模式和运行机制。不同的社区治理模式并没有绝对的优劣之分，关键是适应本国的实际情况，有利于促进社区发展。社区发展在西方国家已有一百多年的历史，并已经达到很高水平，借鉴国外城市社区治理的理论和实践经验，对我国方兴未艾的城市社区建设具有积极的意义。国外社区治理模式还是具有一些共同的特点。

一、构建"行政、自治、社区"三位一体的社区治理结构

纽约、东京和新加坡社区治理皆有的共同特征就是形成了一种"政府指导、社区自治、民众参与"的社区治理体制。这种三位一体的社区治理体制体现了当今时代社区治理的一般规则，并不是少数国家或城市社区治理的特色，因此在某种程度上具有普遍性。国外比较成熟的社区体制，都是由政府、自治、社会这三种力量共同介入或者彼此相互中和，相应形成了行政主导模式、自治主导模式或者混合模式（见表4-1）

表4-1 国外社区治理模式简要对比

国家/地区	类型	主要特点
美国纽约	自治型	政府通过政策调节、法律制定、财政支持对社区宏观管理，具体社区事务由非政府组织承担实施，中介组织减轻了财政压力
日本东京	合作/混合型	政府资助官办的行政性社区组织、官民合办（民办为主）的半行政性社区组织、居民自治组织等共同承担社区管理
新加坡	行政主导型	政府制定社区发展规划，为社区提供物质支持与行为指导，承担社区公共设施与日常支出

二、多元主体合作共事

从纽约、东京和新加坡社区治理模式中可以看出，纽约、东京和新加坡社区治理的一大共性特征是：社区治理由政府单独负责转为政府、社区自治组织、第三方组织共同负责。不过，责任的分担并不表明政府减轻了社区公共事务的治理责任，更不意味着政府可以放弃责任。这要求政府必须以指导者和监督者的身份，通过制定公共政策和公共服务的目标、标准、原则去规范、监督其他主体的承诺与运行状况，审查社区公共事务管理的质量和效益，促进社区公共利益和福利的扩大，并致力于整合一切力量，为社区提供有效的、经济的、高质量的公共物品和公共服务。

三、治理机制有所创新

国外社区治理最突出的制度创新就是市场化和民营化。市场化包括两个层次：一是社区公共事务服务者参与的市场化，二是社区公共物品提供的市场化，即公私部门所提供的公共物品都必须平等地接受市场和公众的检验，并按照市场竞争规律优胜劣汰。民营化意在通过实现社区公共事务管理的社会化，打破政府对社区公共事务的垄断，在多元治理主体的参与下，形成科学的治理机制。

由于西方城市社区治理重视对社区自身力量、第三部门的培育引导，其社区治理主体在社区空间内呈现力量强大、资源整合能力强的特征，从而实现了社区公共利益最大化的治理目标。在西方发达国家，社区居民参与管理已是一种传统，居民对自己的权利和责任都有较高的期望。比如在美国，涉及社区建设城市规划的编制、土地使用法规的审批都要召开听证会，听取居民的意见，并通过媒体向大众公布。又比如在日本，町会根据辖区内居民的要求与政府沟通，在涉及社区的重大问题上，向政府提出建议，以维护居民利益。社区中的居民完全以"社区人"的角色积极为维护自己的权益开展各种工作。

四、依法管理社区

西方发达国家城市管理比较成功，主要是通过各种法律法规调整社区中各单位、各集团、各家庭以及个人在城市中发生的各种关系及其间的矛盾和冲突，社区内的公民行为受到法律的约束和保护，社区内的工作严格按照法律法规运行，这与西方发达国家整个社会的法治性较强有直接联系。

五、社区活动经费来源渠道多

国外社区活动经费来源可以分为三种情况：一是由政府拨款，社区内部的公共设施等日常经费由政府提供；二是来源于个人和组织捐款，比如宗教组织和慈善机构的资助；三是来源于自筹经费，完全自治性组织的活动经费一般由组织成员自筹，社区组织的领袖基本是志愿者，这些志愿者的工作是兼职的、义务的。

第三节 我国社区治理的实践模式

自 20 世纪 90 年代中后期开始，以开展社区建设为标志，中国城市基层管理体制改革创新进入了新的阶段。1999 年，根据中共中央关于"加强城市社区建设，充分发挥街道办事处、居民委员会作用"的要求，民政部首先选择在北京、上海、天津、沈阳、武汉、青岛等城市设立了 26 个"国家级社区建设实验区"。2001 年社区建设在全国范围内铺开，各省市结合本地实际进行了大胆改革和创新，并取得了有益的实践经验。

在社区建设实践中，政府和学术界都认同社区建设不仅是一项单一的社会工程，更是一项重构城市管理体制、实现城市现代化、建设社会主义政治民主的基础性工程。在历史经验、现实挑战和未来发展的三重碰撞下，中国的社区治理模式也出现了三种治理取向：政府主导型、合作或混合型、自治型。

一、中国几种典型的社区治理模式

从我国社区建设的总体状况来看，目前我国社区治理模式基本可以划分为行政化导向与自治化导向两大类。行政化导向社区治理模式，是指通过强化基层政府功能，运用政府及其所控制的资源进行自上而下的社会整合。这一类型包括重庆模式、上海模式、青岛模式以及北京、天津、杭州、石家庄等城市的社区改革。自治化导向社区治理模式，是指强化基层社区的功能，主要通过政府下放权力，建立社区自治组织，并通过这些组织动员社会参与进行社会整合。这一类型就有沈阳模式、江汉模式以及哈尔滨、海口、西安、合肥等城市的社区改革。随着中国社区建设实践的深入，我国各城市在社区治理中的举措也在不断更新。以下简单介绍目前在国内相对比较有代表性的几种社区治理模式。需要说明的是，不同的社区治理模式没有绝对的优劣之分。由于全国各个地区条件和发展速度的差异，社区治理模式创新的探索不应该是"一刀切"的，而是要从本地的实际情况出发。

（一）重庆模式

重庆模式是指将基层事务分流成"大事、小事、私事"，再分类开展民主议事。重庆市南岸区出台了《南岸区健全村（居）民议事机制推进三事分流的实施办法（试行）》（以下简称"实施办法"），全区村（居）将实施"大事、小事、私事"三事分流的基层民主议事机制，对基层民主的制度化做出大胆探索。

1.分流大事、小事、私事，分类处理不搞"一刀切"

南岸区提出的"三事分流"，即在基层议事协商时将群众诉求按照"大事""小事""私事"进行明确，并分类处理。大事是政府管理事项及公共服务，由政府部门负责解决；小事是村（居）公共事项及公益服务，以村（居）委会为主导，社区自治组织、社区社会组织和社区单位共同协商解决；私事是村（居）个人事务和市场服务，由居民自行解决或寻求市场服务。

"比如说，如果议事协商的内容是市政设施建设，这属于大事的范围，居民可以提出建议，但应由市政部门展开调查后进行处理；如果内容是楼道清洁问题，那就是小事，就应由村（居）组织出面召集协商解决。"南岸区民政局相关负责人说，这样的"三事"分流实际上也是"三事"分责，合理界定政府、社会和居民的职责边界，实现政府治理与社会自我调节、村（居）民自治的良性互动。同时三事"的内容不是绝对固定的，将根据不同情况而进行调整，不搞"一刀切"。

2.三种议事协商制度引导基层自治、共治、法治

实施办法还明确提出了三种基本议事制度。"三级议事会"制度，指依托村（居）自治组织体系，召开楼（院）议事会、村（居）民小组议事会、村（社区）议事会进行议事协商社区组织议事制度，指依托村居建有各类群团组织，居民小区业委会、农村集体经济合作组织等群众组织以及各类社区社会组织，在特定人群中开展议事协商；"一事一议"制度，指在利益范围内的相关群众进行民主议事协商。这个协商制度主要是指某个具体事项涉及的相关群众开展民主议事协商，形成相应的自治制度、民约等。

如南坪东方新苑小区里楼上楼下两户人因房间漏水闹了3年矛盾，得知这一情况的楼栋长把这事反映给了小区居民议事会，该会经过商议后，由"人来熟"的居民曹某上门成功"化解"了矛盾，未动用职能部门。三级议事会主要是以基层自治组织的形式开展，即在法定的楼栋、小组和社区的范围组织开展，这是目前基层议事最常见的方式。

基层群众自治的前提是普遍参与，主要方法是议事协商。目前这三种议事协商制度是南岸区对议事协商方式的社区治理模式，是让群众和基层组织在法律范围内自己提、自己议、自己定、自己做，从而实现自治、共治、法治的社区治理模式。

（二）上海模式

上海模式属于政府主导型社区治理模式。上海把社区建设与"两级政府、三级管理、四级网络"的城市管理体制相结合，注重政府在社区发展中的主导作用，强调依靠行政力量，通过街居联动发展社区各项事务。上海将社区定位于街道，形成"街道社区"，增强街道办事处的综合协调能力，强化街道办事处的权力、地位和作用。将居民委员会纳入"四级网络"体系（市—区—街道—居民委员会），加强居民委员会在基层党建、精神文明建设和社区综合治理中的职能。上海模式形成了领导系统、执行系统和支持系统相结合的社区组织体系。其一，社区管理领导系统，由街道办事处和城区管理委员会构成。在"两级政府、三级管理"体制下街道办事处成为一级管理的地位得到明确。随着权力的下放，街道办事处具有以下权限：部分城区规划的参与权、分级管理权、综合协调权、属地管理权。街道办事处成为街道行政权力的中心。与此同时，为了有效克服条块分割的弊端，建立了由街道办事处牵头，派出所、房管所、环卫所、工商所、街道医院、房管办、市容监察分队等单位参加的城区管理委员会。城区管委会定期召开例会，商量、协调、督查城区管理和社区建设的各种事项，制定社区发展规划。城区管委会作为条与块之间的中介，发挥着重要的行政协调功能，使条的专业管理与块的综合管理形成有机的整体合力。其二，社区管理执行系统，由四个工作委员会构成。上海模式在街道内设定了四个委员会：市政管理委员会、社区发展委员会、社会治安综合治理委员会、财政经济委员会。其具体分工是：市政管理委员会负责市容卫生、市政建设、环境保护、除害灭病、卫生防疫、城市绿化；社区发展委员会负责社会保障、社区福利、社区服务、社区教育、社区文化、计划生育、劳动就业、户籍管理等与社区发展有关的工作；社会治安综合治理委员会负责社会治安与司法行政；财政经济委员会对街道财政负责预决算，对街道内经济进行工商、物价、税收方面的行政管理，扶持和引导街道经济。以街道为中心组建委员会的组织创新，把相关部门和单位包容进来，就使得街道在对日常事务的处理和协调中有了有形的依托。其三，社区管理支持系统，由辖区内企事业单位、社会团体、居民群众及其自治性组织构成。它们通过一定的组织形式，如社区委员会、社区事务咨询会、协调委员会、居民委员会等，主要负责议事、协调、监督和咨询，从而对社区管理提供有效支持。

（三）沈阳模式

沈阳模式在社区划分、社区组织体系建设、社区居民自治运行机制上都表现出鲜明特色。沈阳模式体现基层社区自治的本质，它的形成在全国产生了很大影响。在社区划分上，沈阳市借鉴国外社区划分经验，依据地缘关系、心理认同感等社区构成要素，按照有利于群众自治和管理、优化资源配置、提高工作效能的原则，重新划分社区，使社区结构更为合理、区域边界清晰、人员结构精简、定位更加准确。在社区组织体系上，沈阳模式改变了原有居民委员会的组织模式，在社区层面创造性地形成了以党组织为核心的"领导层"、以社区成员代表大会为组织形式的"决策层"、以社区（管理）委员会为办公机构的"执行层"和以社区协商议事委员会为智囊团的"议事层"，从而形成"议行分离、相互制约"的互动机制。在社区居民自治运行机制上，沈阳社区建设明确了社区居民和社区组织的自治性，社区治理的主体是社区自治组织与社会组织。社区自治使社区居民和社区组织等非政府性机构和个人共同形成一个自主性不断增强的权威网络，并在社区公共事务方面与政府展开对话与合作，分担一定的行政管理职责。同时，政府通过与社区组织合作，逐渐提高社区组织的自治能力，使社区组织真正成为承担社区公共事务管理与决策的自治性组织。

沈阳模式被视为是自治型的模式。所谓自治，是以自我管理、自我教育、自我服务、自我发展为核心。沈阳所搭建的社区治理的组织架构的重心就在于调动社区各方的积极性、主动性，参与社区治理，成为社区发展的主体。沈阳模式回答了中国社会发展的一个战略性课题，即如何促进基层民主的发展，昭示了一种基层社会生活与社会管理的发展前景和方向。但是沈阳社区管理模式仍然处于探索阶段，在实践中还存在很多难以解决的问题，有许多值得进一步研究和完善的地方。首先是居民自治的体制环境问题，即没有明确界定政府与社区自治组织的关系，社区居民自治仍然缺乏良好的体制环境。其次是居民自治的运行机制问题，社区居民直接参与社区公共事务决策、管理、监督的规则、程序及机制尚未建立起来。最后是社区组织的运行机制尚不健全、不完善。

（四）江汉模式

江汉模式被认为是一种政府与社区共生、互补和双赢的机制，是政府依法行政与社区依法自治相结合、行政机制和自治机制相结合、政府功能与社区功能互补的社区治理模式。武汉市江汉区以改革城市管理体制为突破口，围绕合理调整划分社区、组建社区组织、转变职能和强化社区民主自治功能、大力发展社区服务等关键环节，全面推进社区治理。该模式的特点主要体现在以下几个方面。

1. 治理主体多元化

该模式把政府行政性管理与居民自治性管理有机结合起来，政府在培养、指导和协调社区组织过程中逐渐让位于社区和社会组织，社区治理的主体由政府扩展到社区内的自治组织与非政府组织。治理主体多元化，不仅包括政府，还包括社区组织、辖区单位、非政府组织以及社区居民。各治理主体因掌握的资源不同，彼此之间相互依赖。

2. 合作治理的运作模式

政府以主动转变职能为核心，遵照"权责统一、事费统一"的原则，通过授权和权力下放，把由政府组织和承担的社会职能交由社区内的社会组织来承担，从而促成政府与社区组织的制度化合作和良性互动。在推动政府职能转变方面，江汉区探索将行政部门和社区的工作事务逐项分解，其中一些是街道行政部门独立承担与社区无关的管理工作（如税收），一些是由街道行政部门承担、社区组织协助的工作，一些是由社区组织承担、由街道行政部门指导的工作。街道和政府职能部门事权下移，做到了"两个到位"：一是将政府职能部门的本职工作做好、做到位，绝不推给社区；二是如果政府职能部门的工作确需社区配合，在与社区协商后，按照"权随责走、费随事转"原则，由职能部门与社区共同完成，做到责、权、利配套到位。总之，合作治理模式主张政府与社区组织的制度化合作和良性互动，社区中各治理主体之间各司其职、分工合作。权力运作不是自上而下的行政命令，而是靠多个独立组织共同参与。

3. 推进社区自治的发展

"江汉模式"效仿"沈阳模式"的社区管理架构，按照领导层—社区党组织、决策层—社区成员代表大会、执行层—社区居民委员会、议事和监督层—社区协商议事会的机构设置，坚持"公开、公平、公正"的原则，根据民主选举程序，组建了社区党组织、社区成员代表大会、社区居民委员会、社区协商议事会四个主体结构。以社区居民委员会为依托，构建社区组织的工作网络和工作方式（含社区党建工作网络和工作方式、社区自主管理工作网络和工作方式），通过合理划分社区自治权力，规范社区组织及成员的自治行为，防止社区工作者"以权谋私"和社区资产的流失。而各职能部门和街道办事处应尊重社区居民委员会自我教育、自我管理、自我服务的法律地位，根据社区工作的性质和特点，支持、帮助社区居民委员会利用社区资源、环境和条件，找准工作的切入点，大胆探索和创造符合自身实际的、具有新型社区工作特色的管理模式，切实增强社区自治功能，避免社区居民委员会成为政府的一级准行政组织。

但现实中江汉模式也并非十全十美，其不足主要表现为：低程度的社区居民参与与社区发展的要求不相适应。江汉区社区建设基本还是处于政府主导阶段，社区居民与社区单位大多数游离于社区公共事务和公共活动之外，参与社区建设的广度和深度都不高，成为社区建设向纵深推进的瓶颈。

（五）盐田模式

盐田模式主要围绕理顺政府与社区关系，从增强政府管理水平和社区自治功能"两条主线"目标出发，确立了"一会两站"的社区治理模式。其特点主要体现在以下几个方面。

1.社区治理理念创新

与全国其他地区类似，盐田区也主要依托居民委员会提供社区服务，维持地方公共秩序，造成了居民委员会的行政职能与自治角色相冲突的局面。因此，盐田模式按照"议行分设"的理念创新社区组织，体现了创建公共服务型政府的要求，鼓励并扩大社会参与和社区自治。

2.社区治理体系创新

盐田区构建了"一会两站"的社区治理模式。由民主选举产生的社区居民委员会，作为一个对社区公共事务进行议事、决策、监督的机构，不从事具体的社区工作。居民委员会成员实行属地化、兼职化，不再领取工资，其主要精力放在做居民权益的维护者和政府与居民的沟通者上。另外，在社区内部分设了社区工作站和社区服务站两个专门的工作机构。社区工作站负责原有的行政任务，社区服务站承担社区建设过程中各种服务性任务。这一制度设计的初衷是把居民委员会从具体的行政事务中脱身，能专注于社区自治管理事务。其中，社区工作站作为街道办事处的派出机构，归入政府条条管理。社区工作站的创建，解决了政府公共服务没有基层承接的问题。社区建设委员会办公室（区民政局）—街道社区建设委员会办公室（社会管理科）—社区工作站的垂直管理体制，使政府的职责、任务、资金、人员等可直接到达社区工作站，推动了政府管理重心下移。

3.社区服务机制创新

各社区居民委员会成立社区服务站，各街道办成立社区服务中心，各区也在社区福利中心建成区一级社区服务中心，初步形成了区、街道、社区居民委员会三级社区服务网络。

社区服务站按照产业化、实体化模式运作，但其性质上是民办非企业单位，属于非营利机构，利润只能用于本社区的公益事业和事务。该模式设立社区服务专项资金，按照"政府购买服务"的方式，对社区服务站从事的社区福利、社会保障、社区残疾人服务、社区老人服务等无偿服务进行评估、补贴，并鼓励社区服务站低偿运营，享受税收减免政策，实现社区服务的社会化。通过这种方式，政府向居民提供了多元、专业的福利和服务，提高了全体居民特别是弱势群体的生活质量。

盐田区的社区治理体制改革，比较成功地分解了城市社区治理组织的行政和社区服务功能，在维持上级政府对社区的有收管理的前提下，通过社区组织产生方式和治理结构的创新，落实了社区的自治功能，推进了城市基层民主政治的发展，对于全国其他地区的城市社区管理具有相当的示范意义。然而，盐田模式也存在一定的问题，主要表现为将社区工作站和社区服务站从居民委员会剥离出来之后，社区居民委员会有空心化、边缘化的趋势，这种状况与社区自治组织在社区中的基本定位不符。

（六）鲁谷模式

鲁谷社区是北京地区首家实施"大社区"制、在街道一级建立社区制的创新者。鲁谷社区的"监督专业管理，组织公共服务，指导社区建设"的自我定位以及在街道建立"大科制"的内设机构的做法，从2006年开始在石景山区进行推广。

鲁谷社区实际运行的组织体系和运行机制，可以总结为"一个核心、两个工作体系、三驾马车"。"一个核心"是指社区党工委作为区委派出机构，在新体制中处于核心领导地位，对社区性、社会性、群众性工作负总责。两个工作体系是指社区行政事务管理中心作为区政府的派出机构，对辖区城市管理、社区建设及有关社会事务进行管理、协调、指导、监督和服务；选举产生的鲁谷社区代表会议委员会及其常设机构——社区委员会。它负责民主自治工作，指导居民委员会和中介组织的工作。这样的组织架构被称为"三驾马车"。通过简政放权、理顺条块关系,提高行政效能,激活基层民主,最终实现鲁谷社区的多中心合作治理。

在"三驾马车"的组织架构下,操作层面上的核心机构(行政编制)有"三部一室",事业编制机构"一所两室三部一室"指社区党工委下设的党群工作部和社区行政事务管理中心下设的城市管理部与社区事务部,以及社区党工委和社区行政事务管理中心合设的综合办公室。党群工作部下辖 20 个居民委员会党组织,负责社区党建工作;城市管理部主要承担城建管理和综合治理等城市管理职能;社区事务部承担民政、计生、劳动、文教等社区行政职能;综合办公室承担原街道行政办和财政科职能。事业编制机构的"一所两室"指社区行政事务管理中心下设的社会保障事务所、企业服务办公室以及社区代表会议的常设机构——社区委员会办公室。除此之外,还设有一个自收自支事业单位——社区服务中心。

鲁谷街道社区管理体制改革是城市基层管理体制改革的一种方向性的探索,在从"行政化"的街居制转向"治理化"的社区制转变中进行了一系列新尝试。然而该模式却只能是"看上去很美",因为在其具体运行和推广过程中,由于受到制度环境的限制,它无法做到进一步推广和复制。这种局部创新、区域创新的发展前景被打上了许多问号。

二、中国社区治理的基本经验

在中国社区建设的近 20 年时间里,无论是社区建设中的典型模式,还是各地涌现出的创新性做法,都推进了我国的基层社区发展,并在社区治理方面取得了相当成功的经验,主要表现在以下几个方面。

(一)政府主导推进社区自治

社区自治的实质是重构国家和社会关系。我国的社区建设本身就是政府自上而下推行的强制性变迁,政府是社区建设的强力推动者。在社区的启动、规划、组织和执行中,到处都有政府的影子,地方的自治创新若没有政府的推动和介入,是难以实现的。因此,从我国社区组织体系的重构中就可以发现,社区运行的组织要素均与政府有关或是受政府推动而形成的。目前，我国社区运行的组织要素主要包括：一是党组织，即社区党工委或社区居民委员会党总支或党支部，它是社区建设的领导力量。社区发展的推进，使党组织在社区发展中的核心地位逐渐确立，党在社区发展中的功能日益体现。二是政府组织，如取消了街道办事处，设立社区行政事务受理中心，集中办理与居民有关的行政事务，或是在定位于居民委员会层面的社区，社区（管理）委员会负责协助政府管理社区内的各项事务，对政府有关部门和其他组织进行监督。三是社区自治组织，主要有社区居民委员会、社区成员代表大会等，这些组织由社区居民选举产生，是社区自主管理的载体。除了这些基本的组织设置之外，有些地方还设置了社区工作站，是新兴的社区服务载体。前两种社区治理主体的政府性特征自不必说，社区自治组织在社区治理中的主体性和合法性也是在政府的扶持和引导下获得的。

（二）街道社区和居民委员会社区作用凸显

我国的城市社区治理还呈现出转变政府职能，打破条块分割，权力下放，突出街道社区、居民委员会社区地位和作用的特点。在上海、武汉等地实行的"两级政府、三级管理"新体制的引导下，各地市、区有关部门实行管理重心下移，通过授权、委托等方式下放部分管理权，赋予街道办事处和社区居民委员会更多的权限，按照"权随事走、费随事转"的原则，形成了责权统一的良性运转机制。有些地区更是看重居民委员会作为自治组织对推进基层民主建设所具有的体制性意义，着力完善居民自治组织的运作机制，引导居民广泛参与社区公共事务，探索形成以社区公共事务为依托的居民群众的自治参与系统。

（三）因地制宜，科学定位社区，合理确定社区治理模式

社区治理的一个重要方面就是充分利用社区资源，实现社区公共利益的满足。不同的社区所拥有的资源和基础条件不同，社区发展的路径和特色也各不相同。在社区建设的各种模式中，无论是采取行政型的治理模式，还是自治型的治理模式，都要立足本社区的资源禀赋和社会关系做出判断。一般而言，在科技、教育发达，居民文化素质较高、民主参与意识较强的地区可以借鉴自治型社区治理模

式推行社区建设。对于一些环境优美、公共设施良好、提供各种服务到位的"硬件"基础较好的社区,重点可以放在创造健康、丰富、自由、民主、祥和的社区精神和文化氛围的"软件"建设上。社区治理需因地制宜地推进。

(四)加强对社区发展的政策支持和财政支持

社区作为一定区域范围内居民的公共空间,其治理的经费来源主要有两个渠道:一是政府提供的资助,二是民间筹集的资金。社区治理是一种社会福利事业,因而政府理所当然是社区治理的主要出资人。政府给予财政支持才能使社区内的福利性、公益性项目拥有坚实的物质保障。同时,中国的社区建设必须有必要的政策支持,政府需要为社区建设构筑更为宽松的制度与政策环境。

(五)建立和完善社区服务体系,满足居民多样化的生活需求

从社会生活层面看,社区可以被视为某个居民群体所共享的共同生活区域。这个区域不是硬性限定的,而是围绕社区生活服务中心自然形成的生活圈。随着单位体制的解体,社会生活从单位生活中独立出来,其中很大一部分的社会生活将在人民居住的社区中实现。因此,现代大城市的社区不仅要在物质生活上满足人们的需求,而且应该为人们社会交往提供多样化服务。中国式的社区治理致力于把社区建设与满足群众生活需求相结合,努力创新和构建社区的社会生活服务系统。该系统从社会生活多样化、群众需求多样化的客观趋势出发,注重发挥市场机制的作用,探索形成政府、市场、社会、居民各方共同参与协作的方式,切实提高社区居民的生活质量。目前的举措包括:一是引入市场机制,发挥企业组织的经营管理效能,通过探索物业管理市场化、环卫保洁市场化等新机制,提高社区服务的经营管理水平和社会效益;二是培育各类服务组织,通过建立和合理布局社区文化活动中心、社区卫生服务中心、社区生活服务中心等组织和机构,推进社区服务的社会化和产业化,切实发挥便民利民的服务功能;三是倡导和发展各类居民互助性、公益性组织,形成多样化的服务形式,满足居民群众多层次、多样化的需求。

我国的城市社区治理还在动态发展中不断探索和完善。随着我国公民意识的

觉醒、民主政治的推进，特别是城市基层组织的培育和发展，我国的城市社区治理会在创新行动中不断缩小与发达国家的差距，真正实现社区治理的理念。

三、中国社区治理模式的发展趋势

自社区建设开始以来，我国社区治理经历了由一元到多元、从集权到分权、从人治到法治、由管制到服务的过渡性发展过程。随着西方治理理论和社区实践对我国社区建设影响的加剧，我国社区治理的运作模式和发展路径越来越与西方国家的社区治理路径"趋同"，社区治理方式也越来越强调多元治理、政府权力下放以及公共服务需求导向等特征。如上海长宁社区的"网格化管理模式"、北京长安新城社区的枢纽型"社区组织的建设"、朝阳区朝外地区的"社会管理模式"等尝试就是目前我国城市基层管理体制改革中的新做法。虽然这些新做法还未能够获得切实有效的验证，但它反映了我国社区建设的新趋向，即多元合作式的社区整合发展或可成为中国社区治理的未来走向。

通过社区内多元主体的合作互动，而不是政府机构权力的单级强化，可以实现社区的有效治理，促进社区有序、协调、健康发展。德鲁克在其名著《不连续的时代》中的一段话更为清晰地说明这一点，"一个能够治理和实行治理的政府，不是一个'实干'的政府，不是一个'执行'的政府，这是一个'治理'的政府。任何要想把'治理'和'实干'大规模地联系在一起的做法只会严重削弱决策的能力。任何想要决策机构去亲自'实干'的做法也意味着'干蠢事'决策机构并不具备那样的能力，从根本上说那也不是它的事"。在转型时期的我国城市社区中，面对日益复杂的社区公共事务和丰富多样的社会需要，政府作为事实上唯一的治理主体显然难以适应，公共权力资源的配置应适当向非政府的社会组织转移。在政府权威和非政府的社会组织分享社区治理过程中的公共权力时，必须重视相互之间的合作。社会组织参与社区建设是国际惯例，也是我国社区治理发展的重要趋势。随着政府职能转变中政府由单一供给主体逐渐向以政府合理让渡公共服务空间、社会共同参与的多元化供给模式转变，社会组织在社区获得了更大的发展空间，其服务作用不断凸显。在全球范围内，政府向非政府部门、非营利组织购买社会公共服务的做法业已十分盛行，在中国，政府购买服务也成为一种新兴的趋势，只是相关的法律规章、操作程序还需要进一步完善。

一言以蔽之，社区治理被表达为由政府部门、私营部门、第三部门和公民个人等参与者组成公共行动体系。多中心的公共行动者通过制度化的合作机制，相互调适目标，共同解决冲突，增进彼此之间的关系，通过建立市场、政府和社会相互合作的多中心体制和互补体制，更有效地提供公共服务，或许是未来中国社区治理的一种典型模式。

第五章 我国城市社区治理的现状及趋势

第一节 我国城市社区规划的现状及发展趋势

城市社区规划就是以社区为单位进行的规划，又称社区计划或社区设计，它是运用系统分析技术，决定最佳行动方案，以达到预定目标，解决社区共同问题，引导社区变迁的理性决策方法。社区规划可分为两个层面：①全社区的总规划，是将整个社区的经济、教育、卫生、福利、交通等方面综合起来拟订的发展计划。②各部门的规划，即社区各业务机构按社区总规划的分工拟订的具体工作方案。前一方式为集中式，后一方式为协调式。社区规划的总目标或长期目标是全面提高居民的生活质量，促进社区发展，实现国家整体建设；社区规划的分目标或短期目标是根据社区当前需要，解决社区面临的各种问题，逐步改善社区的生活条件。

一、我国城市社区规划的现状

随着我国人民生活水平的提高，人们越来越重视自身的居住条件，这就决定了城市的规划要把社区规划作为重点来抓。通过对当前我国社区规划的研究不难发现，现在我国的社区规划大致分为城市扩展过程中的新区开发和对原有社区进行的旧区改造。

（一）新区开发过程中的社区规划

新区开发过程中的新建居住空间是当前我国社区设计的主要对象，它的建设模式主要是以市场主导的房地产开发建设。多年来，我国的社区规划一直沿用传统的"物质形体决定论"的社区规划理论，主要表现如下。

1. 一些社区规划缺乏计划性

社区建设，规划先行。规划在建设中的地位极其重要，然而，在一些社区建设中，社区规划经常改变，表现出了很强的随意性。

2. 一些社区规划缺乏前瞻性

目前，车位紧张几乎成为大部分社区的通病，这除了与人们生活水平的提高有关外，还有一个很重要的原因就是一些社区规划缺乏前瞻性。特别是近几年来，由于私家车普及率的提高，一些社区内的车位已经不能满足车主的停车要求，致使公众利益得不到有效保障，这都与社区规划缺乏前瞻性有关。

（二）旧城改造中的社区规划

20世纪90年代以来，随着经济体制的改革和房地产市场的快速发展，旧城改造成为城市建设与房地产开发的重点。我国现在对旧城的改造大多数是对其进行综合再开发，其规划主要如下。

1. 维护型社区规划

这种规划主要用于使用价值较高的社区，在维护住宅正常使用的前提下，通过改善社区的空间环境和公共设施来提高社区居民的生活质量。

2. 整建型社区规划

对于旧区的住宅，我们根据其现状进行改建、扩建、部分拆除，并对公共设施进行完善或者对住宅内部进行现代化更新，以改善旧社区的居住环境，这样有利于保留原有社区的风貌，提高社区的特色价值。

3. 重建型社区规划

重建型社区规划就是对已经没有保留价值的旧社区进行拆除清理后，重新规划设计，提高住宅的容积率和居住舒适度，完善社区的公共设施，提高社区的生活功能。

二、我国社区规划的原则及发展趋势

（一）社区规划的原则

1. 可持续发展原则

可持续发展是人类发展的必然选择。实现经济、社会、文化、人口等的协调发展是当代城市发展的主潮流。城市规划建设对生态环境的破坏在所难免，但我们要采取科学、合理的措施，把这种消极影响降到最低，要把可持续发展的思想贯彻到规划的各个层面上。

2. 公平与共享原则

公平与共享原则是对社区主体之间存在与发展的界定。社区是一个整体，社区的功能是对这个整体来说的，无论社区居民的年龄、身体状况如何，他／她都有权利公平、合理地使用社区的公共资源。

3. 适居性原则

适居性强调的是社区的整体环境对居民的生活与生产的适应与支持。社区是居民的居住场所，这就要求社区具有可居住性，满足社区主体的多层次需求。同时，由于社区居民的不固定性，这就要求社区具有相对固定的空间结构来适应居民的变化，从而满足居民的居住需求。

（二）社区规划的发展趋势

可以说，社区规划越来越重要，已经成为城市建设中不可缺少的一部分。由于城市的快速发展，我们不难发现社区规划的发展趋势如下。

1. 生态社区规划模式

生态社区是以可持续发展思想为指导，意在寻求自然、建筑、环境和人四者之间的和谐统一，即消耗最少的资源，产生最少废弃物的社区。

2. 复合社区规划模式

大部分城市往往会将工厂区域和生活居住区域相互隔离，以保证居住区的空气质量，但这一过程耗费了太多时间和大量资源。因此，规划一种复合式的社区对提高人们的生活质量有着重要意义。这种复合式的社区模式的功能不是单一的而是混合的，社区被规划为先进制造、研发和生产服务业的综合基地，公共服务设施、生态型的居住小区错落分布，包括工作、居住、娱乐等复合功能。

3.健康社区的规划模式

创造支持性的健康空间与环境是规划设计的关键。规划设计应推动支持性的健康环境方案并搭建系统的架构，在此基础上落实社区健康环境与空间建构的措施。在我们这个越来越注重居住条件的社会，我们也要建设强调"人性互动"、充斥着邻里人情味的空间低密度社区，营造自然、简洁的居住环境氛围。健康社区的规划模式强调空间结构与领域空间的结合，注重交往场所的营造，通过交往空间设置和交往活动组织，为居民提供交流、对话、共处的机会和场所，营造亲切和谐的人文氛围。

社区规划已经成为城市建设过程中最重要的一个环节，在我们这个越来越强调建设"宜居城市"的社会背景下，我们要加强对社区建设的规划，使社区在科学、合理的规划下发挥最大的功能。

第二节　我国社区教育现状及发展趋势

随着改革开放的不断深入和义务教育的普及，社区教育也逐渐得到发展，成为社会发展的一种潮流。社区教育的主要目的是建设和发展社区，进而不断消除社区内存在的社会问题，以提高社区内全体成员的综合素质。良好的社区教育能够保证社区的可持续发展。目前，我国的社区教育建设虽然已经取得一定成果，得到了政府部门的重视，但只是处于浅层次发展的阶段，仍然有许多问题需要解决。本节通过对我国社区教育发展现状的研究，详细阐述了我国社区教育未来发展的趋势。

一、社区教育的含义及特征

社区教育概念的界定目前还不够明确，仍然处于探讨阶段，但是学术界也有不同见解。现代的社区教育主要是指以社区为范围，对社区内的全体成员进行教育的一种综合性活动。社区教育是一种集适应性、补缺性和发展性于一体的教育形式，强调的是将社区内民众的利益与整个社区的发展紧密相连，其目的是建设和发展社区，提高社区内全体成员的综合素质。

社区教育具有社区性、全员性、多样性、广泛性及综合性等特征。社区性主要表现为社区教育是为社区的建设和发展服务的，社区的需求决定了社区教育的形式和内容。全员性主要表现为社区内全体成员都是社区教育的对象，是社区教育的主体，社区教育为全体成员提供教育服务，以提高全员的综合素质。多样性及广泛性主要表现为社区内不同的教育对象对教育内容及形式的要求不同，存在差异性，因此社区教育为了满足这种差异性必须结合社区实际，针对不同的教育对象设置不同的培训项目，有针对性地开展多样性、广泛性的教育活动。社区教育的综合性主要表现为把社区内建设与教育紧密结合起来，整合社区内各种教育因素。

二、我国社区教育未来的发展趋势

我国的社区教育自发展以来已经经历了几十年的时间，已积累了一定经验，取得了一定成绩，但是与发达国家相比还存在一定差距。因此，我国社区教育在未来还有很大发展空间。笔者认为，我国社区教育未来的发展趋势主要体现在以下几方面。

（一）社区教育将不断开设学术性课程

随着社会经济不断发展，人们越来越重视自身综合素质的提高。因此，越来越多的人希望学习一些学术性比较强的课程，以此提高自身文化素养。社区教育作为社区内的一种全民参与的教育活动，开设一些学术性课程，加强理论基础知识的教学，有利于提高人们的综合素质。在开设学术性课程时，要注意以下几点：首先，在课程的设计中，要坚持专业教育人士参与课程设计的原则，以加强课程的学术性；其次，在课程设置上，增加学术性较强的科目，如心理学、语言学、物理学等，以满足社区教育参与人员的不同需求；最后，教师在课堂实践教学中，要加强对课程中理论基础知识的重视。

（二）社区教育将逐渐走向制度化

我国未来社区教育将逐渐走向制度化，主要表现为：首先，社区教育作为一种公共文化建设，其发展除了需要民众的积极参与之外，政府支持也必不可少。我国是一个"大政府，小社会"的传统国家，政府对于社区教育发展的支持十分重要。政府加强辅助与支持，才能使我国社区教育的发展越来越顺利。其次，政府要建立健全与社区教育有关的法律法规，不论是管理体制还是运行过程都要有明确的法律规定。最后，我国要建立一套完整的社区教育管理系统，以优化教育资源配置。

（三）社区教育将逐渐专业化和信息化

要保证社区教育可持续发展，必须使社区教育不断迈向专业化和信息化。我国社区教育在发展初期，都是由一些人员自发组织参与的，教育人员多半都是由业余教育人士组成的，但是社区教育的规模逐渐扩大，人们的需求也多种多样，现有师资已经不能满足社区参与人员的需求。因此，结合当前实际情况，社区教育机构要积极开展针对不同层次、不同专业社区教育工作人员的培训，提高社区教育人员的专业素质，加强对其实际能力的培养。另外，现代社会是一个信息化社会，信息技术已经渗透到社会的各个领域，人们的生活、工作与学习由此发生很大变化，因此我国要不断加强社区教育的信息化建设，以满足社区教育的发展需要。

第三节　我国智慧社区服务的发展现状及建设途径

近些年来，我国许多城市都在构建智慧城市。智慧城市的构建应该遵循以人为本的思想，运用人类智慧，形成高效、安全、创新、和谐的城市系统。社区是城市人群生活的必要场所，同样也是城市开展服务与管理的重要之地，城市社区的智慧化建设，能够提高城市居民的生活水平。因此，社区智慧化构建也就成为许多智慧城市构建的重要工程项目。

一、我国智慧社区服务的内涵

社区服务业是在我国政府扶持与指导下，满足社区人们的多样化需求，以社区为基础，融合社会各种力量的服务型事业，包含了市场主体供应的商业服务、政府供应的公共服务、社会组织与社区组织供应的非营利服务。服务性、社会性、地域性是我国社区服务业的特征，地域性是我国社区服务的重要特征。社会经济的不断发展，信息技术的不断进步，移动互联网、云计算、物联网等技术的兴起，为我国智慧社区的发展提供了契机。智慧社区将云计算、移动互联网、物联网等信息技术运用到社区管理与服务的各个系统中，把握新科技创新革命与产业的机遇，建立智慧社区环境，使社区服务与管理系统变得现代化，从而为构建我国现代化的社区形式奠定基础。因此，我国智慧社区在社区现代化的基础之上，运用信息科学技术，实现社区管理与服务的智慧化，为社区居民提供信息化的管理与服务，从而使社区居民能够更好地发展与生活。

二、我国智慧社区服务在技术领域的发展现状

我国智慧社区是利用非接触式的自动识别系统与信息通信技术、信息化实施、电信业务等优势，运用现代化社区方法与精细化社区管理系统而构建的，从而能

够提高社区管理与服务水平。随着社会经济的不断发展，我国社区智能化发展得到了全面重视。当前，虽然我国智慧社区示范点很多，其基础设施设备都较为齐全，但是由于我国智慧化社区出现较晚，还未形成统一的智慧化社区服务机构体系。我国智慧社区的技术领域涉及以下几方面。

（一）智慧安防

我国智慧社区为社区居民提供了安防系统，安防系统为社区居民提供了消防安全保障与安全服务，包含门禁系统、防盗报警系统、停车管理系统、楼宇对讲系统等。然而，由于我国当前智慧社区的发展水平低下，一部分社区监控系统、门禁系统、停车场管理系统正在进一步构建，而门户对讲系统与防盗报警系统都在进一步安装中。我国社区智能安防系统是以门禁卡的形式来管理居民的出入的，同样居民的车辆都需要门禁卡才能够出入。我国智慧社区还在社区楼道、停车场出入口、电梯等处安装了监控设备，并在社区物业中心设置了显示屏，以方便物业管理人员随时了解社区的内部情况，从而为社区居民的出入提供安全防护保障。

（二）智慧物业

在我国智慧社区构建过程中，智慧物业系统是最为常见的模式，同样也是迄今为止智慧社区发展最为成熟的模式。智慧物业主要涉及社区生活网站、智能电子屏、服务热线、微信公众号服务等。其中智能电子屏是我国社区活动平台，其主要负责社区文化宣传、社区公告增值等信息传播，以及用来发布天气、交通、物业、新闻等信息。我国社区居民可以通过社区微信公众号来获取相关信息，而社区网络能够实现邻里之间的智慧交流，社区居民可以根据自己的喜好兴趣加入适合自己的圈子中，丰富自己的业余生活，以提高生活的质量。我国智慧物业还为居民开通了专属服务热线，居民可以通过专属服务热线与物业工作人员进行沟通，可享受投诉、咨询等业务服务。

（三）智慧民生

我国智慧社区为社区居民提供了智慧民生服务，智慧民生服务是根据社区居民的切实需求提供的，包括社区居民居家医疗、养老方面的服务。智慧医疗包括通过社区形式发布周边地区医院的医疗资源信息、为社区居民构建身体健康电子档案、对社区居民实施健康教育。社区智慧养老系统则结合传感器与物联网技术的优势，运用智能监护设备对社区老人进行远程监控，尤其是社区独居的老年人，当社区老人感觉身体不适或需要安慰时，按下远程监护设备按钮就能够享受急救、安慰、家政等智慧社区服务。而智慧居家社区服务是指为社区居民安置智能居家系统设备，能够实现居民家用电器的智能化，社区居民可以远程控制自己家中的窗帘、家电设备、灯光等。我国智慧社区通过为社区居民安装的可视化对讲系统，达到语言与图像的双重识别，能够实现居民与访客的随时通话与交流，从而进一步增加社区居民的安全性。

三、我国智慧社区服务的建设途径

（一）完善我国智慧社区基础服务设施

在完善我国智慧社区基础服务设施的过程中，工作人员应该综合研究社区的地理状态、规模与服务能力，加大智慧社区基础服务设施的构建力度，从而构建我国智慧化社区，具体实施途径有以下几条。①合理布局基础设施。在布局过程中，工作人员应该按照方便社区居民、服务设施高效、服务功能完整以及社区居民的意愿，根据土地利用规划，加强统筹，确定我国智慧社区构建的规模；根据我国社区人口与地域环境，结合社区设施服务成效，以及社区服务设施的未来发展趋势，确定社区服务设施的选址、数量，统一规划设计，充分运用社区原有服务设施资源，提高与相邻社区服务设施共享程度。②构建网络设施。我国智慧社区应该发挥协调优势，积极构建智慧化社区网络设施，结合我国智慧社区的构建规划，与广电企业、电信运营商合作，从而提高我国智慧社区无线与有线通信网络的覆盖率，提高我国社区居民宽带使用水平。③积极推进感知网络的构建。构建社区感知网络是提升智慧社区服务水平的重要手段，工作人员应该提高对感知网络系统的认识，统一规划，科学布线施工，加强视频监控网络、可视门禁网络以及周界感知网络的构建，从而推进智慧社区感知网络的构建。

（二）提高我国智慧社区服务水平

为了能够更好地提高智慧社区服务水平，我国一方面应该立足于社区自身，构建社区区域的智能化系统，另一方面应该推进智慧城市体系面向社区服务的延伸。具体包括以下几点要求：①将智慧城市公共智慧服务延伸到社区服务中。我国智慧社区应该借助智慧城市构建的机遇，将智慧城市公共智慧服务延伸到社区服务中，加强城市医疗系统与社区医院的对接，为社区居民构建居民健康电子档案，提供远程智能化视频就诊等社区服务，提高我国智慧社区医疗服务水平。我国智慧社区应该将智慧城市安防体系延伸到社区服务中，加强智慧社区与城市安防的对接，在社区重要的区域设置科学化的安防设施，从而提高智慧社区居民的安全保障。②制定我国智慧社区智能化服务体系。在充分利用智慧城市设施的同时，智慧社区还应该构建智能化服务系统，社区智能化服务系统应该加强车联网服务系统的构建，通过智能化系统对出入车辆进行识别，实现社区出入车辆的智能化管理；通过构建利用视频分析技术的智能化系统，对出入社区的居民进行智能化的管理，提高智能社区居民的安全性；通过智慧社区灯光、垃圾、空气、电、水、燃气等智能化感应系统的构建，实现对社区的环境与能源的调整与监控，从而使智慧社区的居民生活更加方便。

（三）构建我国智慧社区智能化综合服务平台

我国智慧社区应该构建智能化综合服务平台，智能化综合服务平台对智慧社区的构建尤为重要。智能化综合服务平台是由数据集成、数据分析、数据发布等组成的。数据集成能够促进社区智慧安防、智慧车管、智慧家居等系统进行标准化处理，能够有效整合各项系统资源，构建集成化的智能化平台，从而提高智慧社区智能化服务水平；数据分析能够加强对视频、图像等信息资源的挖掘与处理，以便对异常的事物作出准确的分析与判断，从而为社区管理人员提供智能化的决策；数据发布能够推动网络公共平台的构建，结合智慧社区的网络设备，及时为社区居民发布社区信息，居民能够在公共平台中进行有效的活动，增进邻里之间的交流与互动，从而更好地为社区居民服务。

第四节　我国城市社区养老模式的现状与趋势

现阶段，我国人民的生活质量显著提高，医疗技术逐渐提高，同样老年人口的寿命正逐渐提高。但是，随之而来的老年人相关问题也越来越多。并且与其他国家不同的是，我国家庭结构正逐步变小，并且子女们为了更好地发展，离开父母去异地工作，加大了养老难度。本节在对社区养老模式的现状和特点以及存在的问题进行分析的基础上，提出社区养老模式的构建建议。

一、我国城市社区养老模式的实践

随着我国老龄化越来越严重，国家开始关注养老模式，同样，社区养老模式也得到了国家重视。自 1980 年开始，政府把城市的社区福利事业提到议程上。2001 年，中华人民共和国民政部在全国范围内实施"星光计划"，社区老年福利服务网络建立起来了。2016 年，我国提出了建设社区养老服务。由此可见，国家越来越重视社区养老的发展。国内部分社区养老模式的实践如下。

（一）上海浦东新区（NGC）（non-govrnment organizations）模式

由于各种原因，我国养老事业受到了挑战。上海浦东新区 NGO 养老模式的出现虽然在一定程度上减轻了养老压力，特别是政府的压力，但还是有很多其他方面的问题，例如很多老年人不明白"NGO"是什么，相关的法律制度也不完善。综合各方面的因素，相关部门还需要进一步完善该模式。

（二）北京"九养"政策

北京作为首都城市，养老问题也很严重。随着近几年北京的发展，北京市的养老工作也有显著进步。养老服务人员获得了丰富的经验。而且，随着北京市政府对于养老模式的探索，北京的养老服务在体制改革的基础上也得到了创新，逐步变成了"9064"的模式，即 90% 的老年人在家养老，但会借助社会化的服务。6%

的老年人接受享有国家补贴的社区养老模式，4%的老年人接受社会上的敬老院养老。

（三）广东的四种养老模式

广东省作为我国发展较快的地区，同样也是我国老龄化程度较高的地区，由于经济发展较快，它也是最早接受并实践社区养老模式的一个地区。广东省有四种具有代表性的社区养老模式，分别是荔湾区的社区中心运作型、越秀区东湖街的物业管理公司运作型、白云区的民办养老机构，以及天河区的星光老年之家。这四种养老模式都有一个共同点，就是政府对其监管的作用和责任是非常大的。

二、我国城市社区养老模式的发展趋势

社区居家养老是绝大多数在城市里生活的老人的选择。在他们眼里，再豪华再高档的养老院都不如自己家里温馨舒服，所以他们希望能在家里安度晚年，在家能享受到生活照料、康复理疗、文化娱乐等养老服务。

发展社区居家养老服务是一项重大任务，要以养老需求为导向，着力发挥政府的"保基本、兜底线"作用和社会力量的主体作用。了解社区居家养老服务的发展趋势，能够更好地帮助我们积极应对人口老龄化带来的问题。未来我国城市社区居家养老服务将呈现以下发展趋势。

（一）从服务内容来看，将呈现保障基本养老服务和提供多样化服务相结合的发展趋势

1.保障特殊困难老年人的基本养老服务需求

老年人出现不同程度的生活困难主要是不良身体状况、经济状况、家庭状况等因素导致的，具体而言，特殊困难老年人可以分为以下几类：经济困难的低保、五保等老年人；身体状况恶劣的失能失智、患病、残疾等老年人；存在不良家庭状况的空巢、失独、留守、孤寡等老年人。上述老年人是社区居家养老服务重点关怀和长期照护的群体，需要建立养老服务清单，由政府购买服务，引进专业化社会组织，提供专业的养老服务。

2.提供满足老年人多样化需求的社会化养老服务

发挥社会力量在提供养老服务方面的主体作用，为老年人提供方便可及、价格合理的各类养老服务和产品，提升老年人的幸福感。在教育学习上，以社区为依托，为老年人提供教育学习场所、资源和条件，支持鼓励企事业单位、社会组织、志愿者等社会力量举办或参与老年教育活动。在精神陪护上，统筹家庭关爱和专业力量，调动专业心理工作者和社会工作者开展老年心理健康服务试点，为老年人提供心理关怀和精神关爱服务。

（二）从服务提供来看，将呈现出政府购买服务精准化和服务提供商品牌化、连锁化并重的趋势

1.政府购买服务会向更加聚焦基本养老服务的方向发展

根据养老服务对象、特点和实际情况，政府购买养老服务将着眼于满足老年人基本养老服务需求，合理配置养老服务资源，政府面向企业和社会组织公开招标，按照公开、公平、公正原则，吸引有一定经营资质和经营条件的组织参与，通过竞争择优的方式选择承接政府购买养老服务的优秀社会力量，提供包括生活照料、医疗护理、康复保健、精神慰藉、紧急救援、法律维权等在内的基本养老服务，并对其开展的服务效果进行测评和定期考核。

2.服务提供商向品牌化、连锁化、规模化发展

针对目前养老服务市场主体小而分散的问题，鼓励在养老服务项目建设、运营、管理等方面具有专业资质的社会资本方整合重组，通过提供标准化、规范化的优质服务，形成一批面向居家社区、跨区域和行业的综合性养老服务集团，支持服务机构向着规模化、专业化、连锁化、品牌化的方向发展，成为居家和社区养老服务的主力。

3.专业养老机构向社区延伸服务的方向发展

鼓励和引导养老机构尤其是公办养老机构开设居家养老服务场所来承接居家养老服务项目，由原来的"围墙内"服务转变为"开放式"服务，为周边社区老年人提供生活照料和护理服务等，利用自有食堂或与餐饮企业合作的方式向辐射

区内的老年人提供就餐、配餐、送餐服务，制定老年营养食谱，提供符合食品安全规定要求的老年餐；积极为居家生活老年人尤其是中、重度失能老年人提供上门助浴、理发等服务。

（三）从服务支撑来看，将呈现出线上平台、线下服务和智能产品运用一体化的趋势

1.打造"线上"养老服务信息化数据平台

社区居家养老服务应当充分依托信息技术，构建社区居家养老服务信息化数据平台。信息化数据平台整理汇总、实时公布辖区内膳食服务、生活照料、家政服务、文化娱乐等社区居家养老服务机构信息，方便老年人根据需求就近选择养老服务供应商。如北京市石景山区通过政务网站发布养老机构、养老服务驿站以及街道养老照料中心基本信息，内容包括名称、地址、联系方式等，方便老年人就近选择合适的服务商。

2.对接"线下"提供多元的社区居家养老服务

社区居家养老服务主体运用互联网、物联网、大数据、云计算等技术，探索线上与线下相结合的养老服务新模式，为老年人提供健康管理、紧急救援、精神慰藉、服务预约、物品代购等更加多元的居家养老服务。

3.提升开发和应用智能化终端产品的水平

当前信息技术迅猛发展，科技产品更新迭代的速度日益加快，在智能化产品和设备的开发设计中，相关企业、社会组织和科研团队要通过实地调研、市场调查等形式充分了解老年人需求，有针对性地将信息化、智能化设备和产品用于养老服务领域，提升养老服务的个性化、精准化和科学化水平。

第六章 我国城市社区治理模式创新

第一节 城市核心社区治理模式创新

城镇化的推进和创新社会治理体制的实施，推动着城乡社区治理朝着多样化和精细化的方向发展。城市核心区由于在区位、资源和服务等方面具有优势，在社区治理过程中面临着更多压力与挑战。基于对北京市海淀区 Z 街道的调研和访谈，本节尝试对城市核心区社区治理进行探讨。

一、城市核心社区治理：理论背景与现实难题

（一）理论背景

社区治理必须建立在一定的类型学分析的基础之上，才能抓住关键，有的放矢。根据滕尼斯对社区的界定，地域范围和关系网络是社区的两大基本属性。从地域范围来说，按照城市的空间布局以及功能定位，城市规划理论大师约翰·弗里德曼提出城市核心—边缘理论，核心区域由于聚集大量产业、人才、资本等资源，形成独特的社会资本，一方面能够促进社区治理，另一方面也对社区治理能力提出更高的要求；从关系网络来看，现代城市社区一般都由商品房小区组成，不同于传统社会背景下的熟人社会，其在很大程度上具有陌生人社会的特征。这样一群彼此陌生但又生活在一个共同体内的个体，如何才能使他们组织起来，形成"有机团结"的关系网络，从而能够取得持久的共同收益，成为社区治理的关键。而城市核心区域小区治理的理论问题就在于如何有效整合核心区社区独有的

关系网络和各种资源，促进规范、态度、共识、信任等社会资本的形成与发展，进而完善和提高社区治理体系和治理能力，达到社区的善治。

（二）现实难题

改革开放以来，随着国家经济的快速发展、城市化的快速推进以及人口流动的快速增加，城市社区由以往单位制转型而来的单一社区类型逐渐多元化，大量商品房小区成为社区的主要形态，由此带来人口的异质化以及社区管理问题层出不穷。处于城市核心区的小区更是因为资源的聚集和人口的汇集而显现出治理难题，主要表现为社区群众日益增长的物质文化生活的多样化需要和社区有限的公共服务提供能力之间的矛盾。

具体来说，城市核心区社区治理难题体现在以下三个方面：一是从需求主体上看，城市核心区往往是整个城区政治、经济和文化的核心，各方面的拔尖人才汇集于此，他们在为各自单位提供知识贡献的同时，也对所在社区提出了多元化需求。二是从需求内容上看，一方面，生活在城市核心区的高端人才对于社区基础设施、生活服务设施、社会交往平台和文化社会环境提出了比较高的要求；另一方面，社区也必须考虑为整个城市正常运转而工作的社会各阶层的多层次需求。三是从公共服务提供主体和机制上看，单一的社区主体难以满足多样化的需求，更难以提供全方位的服务。如何调动各方面的力量，进行资源整合、优势互补，形成社区公共产品和公共服务的多中心生产机制是社区治理创新的核心议题之一。

二、Z 街道社区治理创新的实践探索

（一）Z 街道现状及主要特点

Z 街道地处国家自主创新示范区核心区，辖区面积 5.28 平方千米，实有人口 19.6 万，现有社区 30 个。辖区聚集国家级科研院所 28 家，法人单位 18265 家，汇集五千多名科学家和近万名科研人员，两院院士 130 余位，有着科学高地、人

才重地、商业旺地、文化源地的称谓，是北京市乃至全国较为集中的科学家、企业家、知名学者、专家和老干部生活区。该地区科研院所多，高学历人员集中，民主意识和法治观念强；科技企业多，企业管理人才集中，竞争意识和创新活力强；两院院士和人大代表（政协委员）多，意见引领作用突出；明星艺人多，社区认同作用明显；居民文化程度高，参与意识强，对政治经济和精神文化的需求呈多样化态势，为社区服务和治理提供了宝贵的社会资本。同时，该地区既有丰富的传统文化旅游资源，又有大量的现代化商旅服务设施和机构，每天吸引众多流动人口来此旅游、休闲、购物、娱乐，为社区的服务和治理提出了更高的要求。

（二）Z街道社区治理创新实践

1. 总体思路

立足于社区多元主体的现实，Z街道提出"社区小天地，民生大舞台"的总体思路，以党建创新为引领，以示范创建为契机，变被动应对为主动服务，变静态管理为动态治理，通过构建不同类别的开放平台和体制机制，整合社区内政治、经济、文化、教育、媒体、演艺界等知名人士、专家学者和意见领袖等人才资源，使他们参与社区事务，进行公共治理，以构建多元分类的合作治理网络。

2. 实施过程和基本做法

一是党建创新引领，增强社区治理和服务创新凝聚力。这方面的主要做法包括：①构建合作联盟，推进服务联动。Z街道与科研院所等的党组织建立区域合作联盟，签订共驻、共建、共享的框架协议，建立街道与驻区单位双向服务、双向互动的联络机制，共同搭建"社会管理综合治理"平台，定期召开协调会议，共同制定地区环境整治和综合治理行动方案，切实解决一系列事关居民群众利益的重点、难点问题。②强化非公党建，拓展服务空间。进一步加强非公企业党组织组建工作力度，成立Z地区非公企业联合党委。按照有利于改进党员教育管理方式、充分发挥党组织和党员作用的原则，根据某大厦的企业规模情况、党组织建设情况、党员基本情况，建立某大厦联合党委，统一领导大厦内非公企业党建工作。通过该联合党委，促使4家非公企业成立党组织，将1336家企业按社区划分成 30 个网格，形成街道、社区、楼宇共同做好非公党建的良好局面，不断扩大工作覆盖面。③建立"双联"制度延伸服务触角。通过开展党员设岗定责、送温暖慰问困难群众等多项公益服务和志愿活动，切实发挥党组织的集聚引领作用，增强党组织的凝聚力和向心力。

二是成立协会和社会组织，凝聚社区治理合力。形成"枢纽型协会组织＋社会组织＋志愿者"的格局，吸纳各界精英参与社区治理。这方面的主要做法包括：①成立企业联合会、文化建设联合会和社会工作联合会"三驾马车"，担任枢纽型社会组织的角色，对区域内的经济、政治、文化和社会精英进行整合，通过集聚专业优势，先后推出 Z 街道相关的"午餐进楼宇""科技艺术节"进社区、公益服务进社区等活动，改变过去政府唱"独角戏"的现象，实现多元主体共同参与社区治理。②大力发展社会组织。该地区现有各类社会组织 150 余个，这些社会组织通过整合社会力量和开展活动的方式强化服务，广泛调动辖区居民群众参与社区治理和服务的积极性，努力促进地区政治、经济、文化、社会"四位一体"协调发展。③大力支持志愿服务队伍和志愿服务工作。深化志愿服务模式，广泛发动居民群众参与爱心助老、环境整治、安全维稳等社区服务，让其真正成为社区的建设者和受益者。

三是创新基层协商民主，引导公民有序参与社区治理。这方面的主要做法包括：①社区居委会直选。在 2015 年第九届社区居委会换届选举中，Z 街道 24 个社区采取户代表选举方式，6 个社区采用全体选民直选方式，且全体选民直选的社区涵盖流动人口较多的平房区、老旧社区、单位型社区、商务楼宇社区、混合型社区等，为下一步全面扩大全体选民直选范围奠定了基础，让更多社区群众真正参与到基层选举中来，增强了社区居民的民主意识，推动了基层民主政治建设。②动员社区重要力量，举行政策论证会、民生恳谈会、民意听证会等。聘请热心社区建设人士担任专项工作监督员，强化他们"社区事情共同谋划，社区事业共同推进、社区愿景共同实现"的主体意识，形成"政府搭台、居民唱戏"的局面，定期召开座谈会，听取居民意见，全力营造"共谋、共建、共管、共评、共治、

"共创"的浓厚氛围。

　　四是探索"一体化联动"综合执法，提高社区治理执行力。这方面的主要做法包括：①变分散执法为统一管理，开展"组团式执法服务"。成立 Z 地区综合执法管理中心，下设中心办公室、三个综合管理工作组和一个应急保障工作组，形成"1+1+3+1"的组织构架，实现了统一领导、统筹协调、联勤联动、综合治理的工作格局。②变多支队伍为一支队伍，实施"综合式打捆作业"。整合工商、城管、公安、交通、食药监、房管所等各支专业力量，将辖区按地理区位划分为南、中、北 3 个无缝对接片区，将联合执法队伍分为南、中、北三个综合管理工作组，分别对接南、中、北三个片区。③变事后处置为主动出击，实现"高效率协同处置"。以各类问题及时发现、及时处置为出发点，将日常巡查与专项整治相结合，主动出击，协同处置，高效处理城市管理中的各类问题和突发事件；以重点整治、重大行动为载体，将专业执法力量与治安辅助力量相结合，以牵头执法力量为主体，辅以其他配合力量，实现专业执法人员和各类协管力量的灵活调动和优化配置。④变单项考量为横向对比，实现"高绩效目标管理"。实施"一体化"联动执法前，工商所、食品药品监督管理所等专业执法部门，按照职责分工，依据执法权限纵向到底，实行单项专一执法，垂直专项考核；实施"一体化"联动执法后，该社区建立了相应的监督、评价、考核体系，地区综合执法管理中心与各片区联合执法组签订目标管理责任书，各片区定期上报综合执法数据，中心监督跟踪片区整治成效，各片区目标管理形成横向参照对比，有效激发了执法队伍的主观能动性，提升了执法的综合绩效。

　　五是借助技术手段，提高社区治理和服务能力。①在街道层面创设互动平台。研发"全生命周期平台"，深入推进区域信息化建设，为铺设"智慧 Z"高速公路打好基础；创新人口服务模式，建立服务网站、手机应用等网上服务系统，提高群众参与度。②在社区层面打造参与平台。对于发现的社区治理中的问题，社区居民可直接采取问题定位、手机拍照、语音录音等方式进行上报，有效破解居民群众参与社会动员的难题。采用政府保障和社会服务相结合的方式，在社区打造智慧养老居家服务平台，这也是 Z 街道促进多元参与养老服务体系的一个积极探索。③服务手段信息化、科学化。研发 Z 街道无线政务手机应用平台（公众版），采用推送机制向在 Z 地区工作和生活的公众及时准确地提供便民、预警、活动、气象、应急宣教等各类服务信息以及街道、社区的业务指南，有效提升街道的为民服务能力，进一步满足辖区居民群众日益增长的信息化服务需求。

（三）Z 街道社区治理创新经验

通过对 Z 街道社区治理创新进行历史分析以及和其他区域社区治理进行横向比较，笔者总结了本街道的特色治理创新经验。

1. 在社会资本理论指导下，树立合作理念

Z 街道作为国家自主创新核心示范区，汇聚众多科学家、企业家、知名学者、影视名人以及老专家、老干部，这是重要的社区治理的社会资本。政府在社区治理过程中通过调动他们的积极性，挖掘他们的社会资源和影响力，构建多种开放合作平台和机制，把社区打造成"有机团结"的共同体。

2. 在"多元分类"主体框架下，建立合作网络

Z 街道针对社区主体的社群属性进行分类，并根据不同群体的属性特征和行为逻辑构建多元分类的合作框架，这些合作框架又通过相互嵌套的机制形成有机的合作网络，涵盖不同主体，包括不同维度，针对不同诉求，建立不同渠道。

3. 在制度激励与可持续发展理念下，进行制度安排

Z 街道在社区治理探索和服务创新实验的基础上，通过制度安排落实合作理念和合作网络，确保社区治理和服务创新不因领导人的调动和意志的变动而变化。

三、社区治理"多元分类合作网络"及其完善之策——结合 Z 街道的经验进行概述

（一）"多元分类合作网络"模式的内涵

通过多年的探索与实践，Z 街道社区治理服务形成了独特的框架体系和运行机制，激活了社区各类社会资本，实现了政府与社区各类主体的良性互动与互信，

并通过一系列制度安排进一步规范上述互动和互信机制，取得了良好的治理和服务效果。笔者将这种模式概括为"多元分类合作网络"的社区治理服务模式，这种模式的内涵包括以下几个方面。

一是突出了党委领导，与驻区单位、非公企业等新形势下的多元主体建立党建联席机制，构建党组织多元分类的领导与服务网络。二是突出了政府与社会的互动与合作，按照一定标准对社区各类行动主体进行分类，根据不同类别行动主体自身独特的社会资本，构建相应的平台和机制，形成多元分类的治理和服务格局。三是突出了制度相互嵌套，以党建制度创新促进政府与社区良性互动，以政府与社区社会资本良性互动制度创新促进社区良性运转，以社区良性运转制度创新促进社区社会资本的增长，形成合作治理的网络格局。

（二）"多元分类合作网络"模式架构

"多元分类合作网络"的社区治理服务模式，核心是通过制度安排，调动社区社会资本优势，根据社区多元行动主体的类别、优势和行为逻辑，构建多元分类的合作网络，促进社区治理体系和治理能力现代化，达到社区善治。该模式宏观上分两个子系统，第一个子系统突出党建引领，主要体现为党委领导下的党建合作网络，包括上文提到的与驻区单位、与非公企业等成立的联席机制，还包括未来与其他群体成立的联席机制。第二个子系统突出政府主导，主要体现为街道与社区社会组织等各类主体形成的多样化合作机制。

通过对社区各类主体进行属性分析和分类，我们在宏观结构的下层构建了 Z 街道社区治理和服务结构。不同主体经由各自的渠道和不同的机制，有序参与社区治理与服务，并通过制度安排规范相互之间的互动，在不断互动中增进互信，在互信中增强社区凝聚力和认同感，反过来又进一步促进了社区治理能力的提升。

另外，不同主体构成的系统之间不是封闭的、静态的，而是相互开放的、动态调整的，并以利益的相关性为纽带，将不同类别的社区主体重新整合，形成相互嵌套的合作网络。如关键个体既可以通过文体联合会参与社区服务，也可以通过基层协商民主表达政治诉求，还可以以志愿者的身份参与社区公益行动，而每种身份都有相应的制度安排规范他们的行为和互动规则，从而确保合作网络的有效性。

（三）完善城市核心区社区治理服务的政策建议

历史经验告诉我们，任何创新都不是一蹴而就的，处于大变革、大转型时代的基层社区治理和服务创新也不例外。理论分析也启示我们，社会治理的大部分知识都是地方性的，基于差异性的社区治理经验不一定具有普遍适用的必然性。然而，抛开具体的制度细节，从社区治理和服务实践中仍然可以总结出一般性的规律，这些规律对于进一步完善社区治理模式具有重要价值，也对其他具有类似属性的社区治理和服务具有一定的参考价值。对于城市核心区社区治理服务，结合调研的体会，笔者提出以下建议。

1.给予充分的创新空间

首先，切实为社区减负，改变社区"上面千条线，下面一根针"的治理困局，使社区回归自我管理、自我服务的治理本位。其次，给予社区充分的自主治理空间，在人力、物力等政策上予以倾斜，实现社区治理特色化和多样化。最后，鼓励城乡之间、先进地区与落后地区之间进行合作，实现资源整合与优势互补。

2.树立平等合作理念

首先，改变政府单打独斗的治理理念，树立政府与社会优势互补、平等合作的治理理念。其次，通过多种形式，培养和鼓励社区居民和社会组织积极参与社区治理。最后，进一步加强和创新城乡社区协商，完善居民自治，实现社区公共事务的民主治理和自主治理。

3.搭建多元开放的平台

首先，对社区各类社会主体进行摸底，并建立基础数据库。其次，对社区各类主体进行属性分析，挖掘每类主体拥有的独特的社会资本，分析这些社会资本具有的治理资源。最后，搭建多元的开放平台和机制，引导和鼓励不同主体有序参与社区治理和服务。

4.完善制度和政策体系

首先，通过对不同主体和机制进行针对性的制度设计和安排，规范不同主体的行为及其互动机制。其次，通过物质和非物质的互益性的制度设计，完善各类主体参与社区事务治理的激励机制。最后，通过信息公开、信用评级等惩罚性的制度设计，对违规主体和行为进行严格追责。

5.运用信息技术手段

首先，依托城市核心区科技优势，大力推进智慧社区建设，在社区养老、医疗、救助等方面实现"互联网+"优势。其次，充分运用大数据、物联网、移动手机应用等信息技术手段，提高社区服务能力，促进社区治理现代化。最后，整合社区多元平台，打造"一门式"服务体系，降低社区治理成本，提高社区治理效率。

城市核心区社区治理是一项复杂的系统工程，在中央倡导强化基层社区治理的背景下，各地都因地制宜地进行了创新实践。Z街道社区治理的经验做法具有一定的典型性，未来我们还需要对城市核心区社区治理进行多案例比较分析，构建更为普适的治理模式与机制，进而促进社区治理体系和治理能力的现代化。

第二节　城市社区物业管理服务模式创新

在政策、经济、科技的共同推动下，物业管理行业加速向现代服务业转型，在物业管理服务企业发展的新时代下，如何让物业管理服务企业走上信息化建设道路的快车道，为社区提供一个集团化、多元化的管理服务平台，延伸并拓展物业管理服务的价值，成为城市社区物业管理服务模式创新的难题。本节主要从两方面进行分析：首先分析了现代化城市社区物业管理服务模式的现状，分析现有服务模式存在的管理服务问题；其次，根据现状挖掘物业管理服务企业多元服务潜力，基于基础的物业服务，通过整合第三方资源的服务来延伸更多增值服务空间，从而实现现代城市社区物业管理服务模式的创新。

一、探索现有服务模式特点，分析物业管理服务存在的问题

随着城市的发展，房地产市场的建设步伐也不断加快，与其配套的物业管理服务也随之加快了发展步伐，物业管理服务逐渐形成不同的模式来适应市场的需求，在多种服务模式的发展下，也会出现各种管理服务问题，激发业主与物业管理企业之间的矛盾和纠纷，深入分析其原因才能使物业管理服务业更好地发展和进步。

（一）物业管理服务模式

物业管理服务模式大致可分为三种，分别是隶属管理、外包管理、自由管理，这三种模式各具特点，同样也存在管理服务问题。

1.隶属管理

隶属管理，是指房地产开发企业为所开发的小区配备旗下的物业管理企业，为业主和住户提供一系列管理和服务，这种管理模式相对专业化和固定化，但是因为物业管理服务企业是属于房地产开发商的，所以可能存在开发商、物业、业

主三者之间的关系并不独立的问题。对于房屋质量问题、产权问题等本该属于房地产管理领域的问题，业主可能会反映到物业管理服务企业，物业管理服务企业不负责该领域的管理，会给业主一种责任不明确的感觉，也会造成不必要的纠纷。

2. 外包管理

外包管理，是指业主与专业的物业管理服务公司达成商业合作的关系，业主把物业管理服务的相关工作交给专业从事物业管理服务的公司。物业管理服务公司可能在某些领域上再外包给专属该领域的公司，例如将绿植养护工作外包给绿化养护公司，将卫生清洁工作外包给清洁公司，等等。细化的工作交给更加专业的团队进行专业化管理服务，这种模式专业性强，能承担高强度的物业管理工作，其管理工作因有合同的约束而更加规范和严谨，但也会有相对的不足，例如耗费的管理成本高，多层管理容易造成信息反馈不及时，导致业主与物业管理公司之间出现矛盾。

3. 自由管理

自由管理，是指业主自行通过集体选举、推荐、聘任等方式组建业主委员会，业主委员会按照物业管理办法及相关条例，对房屋建设、公共设施建设、相关设备维修、绿化环境、卫生清洁、交通维护等生活大小事进行管理，根据广大业主的意见和要求，对社区里的事进行管理。这种物业管理服务模式虽然在形式上符合民主的范畴，可以根据小区内广大业主的意见进行管理，使需求个性化，服务定制化，管理灵活化，但是业主的需求并不是完全统一的，个别业主的意见不合会导致业主委员会的凝聚力和执行力下降，业主既是规则的制定者，又是执行者，这种模式运行起来需要理论和实践的进一步验证和探索。

（二）物业管理服务存在的问题

近年来物业管理服务业随着市场需求和经济增长而飞速发展，如同高速道路上行驶的快车一样，物业管理服务业规模和领域不断扩大，但管理服务的水平和质量有待提高。

物业管理服务的细节往往反映了物业管理服务的具体问题。

1.投诉机制不完善，缺乏物业纠纷调解机构

针对房屋漏水维修、基础设施损坏维修等房屋设施问题，业主和居民的投诉越来越多，物业管理服务的投诉机制不完善，业主无法依据投诉条例进行维权，缺乏物业纠纷的调解机构。物业管理服务企业与业主之间的矛盾，主要是由小区业主、物业企业、开发企业三方因房屋开发质量问题而引起的纠纷。物业企业应该完善投诉机制，建立物业纠纷调解机构，让业主办事有据可依。

2.物业收费规则不明确，存在乱收费现象

物业收费问题是反映最多的管理服务问题，问题的根源主要分为两个方面，一方面是物业收费本身存在不合理的现象，另一方面是业主对有偿服务的观念浅薄。我国尚未对物业收费制定专门的法律，物业企业和业主对收费各执己见，无法适应当前物业管理服务的发展，目前较为合理的物业收费规则是按优收费、按质收费，收费的标准不是一成不变的，而是根据物业管理服务的难度和质量进行区分的，在不同的服务质量范围内实施标准的量化，体现出管理服务的层次性和收费的差异化，做到服务和收费相匹配，从而体现合理性、公平性的原则。此外，在长期计划经济观念的影响下，部分业主对物业管理服务是一种消费的观念还不清晰，容易造成双方之间的矛盾。

3.物业管理服务范围狭窄，满足不了居民的更多需求

随着人民生活水平的不断提高，生活质量也越来越好，居民的生活需求不断扩大，居民的需求领域逐渐与物业管理服务提供的服务范围形成了明显的差距，一些物业管理服务企业依然停留在基础的服务范畴。物业管理服务企业应该捕捉市场需求信息，突出物业服务的人性化理念，引领一种全新的生活方式，为小区居民营造一种高质量的生活氛围，提高其满意度。

二、针对现状解决问题，探索创新服务模式

现有的物业管理模式不尽完善，会出现各种各样的问题和不足，导致业主、

管理服务企业之间发生矛盾，针对这些问题，分析其根源，探索出新的物业服务管理模式，在满足业主需求的同时，缓解业主与物业管理服务企业之间的冲突，显得尤为重要。近年来，随着物业管理服务行业与"互联网+"技术的跨界合作，物业管理服务的模式迎来了创新发展的新机遇。物业管理服务企业需要不断挖掘多元的服务潜力，延伸更多增值服务的空间，以求为企业探索高价值、重体验的增值服务链。物业管理服务行业结合自身优势和领域来进行创新发展模式的改革，也逐渐成为化解物业服务管理模式带来的矛盾的关键。

（一）建立健全投诉机制，提供房屋增值服务

从根源上发现，业主与物业管理服务企业之间矛盾的根源在于房屋服务，物业管理服务的重要对象是房屋，因此开展房屋增值服务是解决投诉问题的最佳方法。

未来的物业管理服务模式应该围绕房屋增值服务而开展，围绕"房屋+"的模式做房屋资产增值服务，提供各种增值方案，增值服务范围可涵盖房屋内部、外部、延伸业务等，大致可分为装修服务、美容保养、租赁托管等几大方面。

1."房屋+装修服务"

"房屋+装修服务"是针对房屋内部的新装修或旧修整的服务。物业管理服务企业应整合多方资源，与装修设计公司、家具公司等相关企业进行合作，为房屋提供装修增值服务，业主如果想要根据自己的风格和喜好对新购房屋进行装修布置，可选择物业管理服务企业旗下的装修设计公司和家具公司等，装修可根据业主的要求进行，家具等装饰品也可按照业主的喜好购置，装修期间物业管理服务企业应保障施工安全。这样的服务模式有利于物业管理服务企业对合作的相关公司进行质量和资质上的严格把控，可以对房屋装修服务质量有所保证，业主可以有多重保障。

2."房屋+美容保养"

"房屋+美容保养"即针对房屋的外观保养和维修的服务。物业管理服务企业提供房屋外墙粉刷、玻璃清洁、硬件维修等服务，可延伸至房屋的安全检查、

供热通风系统检查、保险及消防设备检查保养等服务，使房屋保持外观清洁、内部安全舒适，最大限度地帮助业主实现不动产的保值、增值，为业主的投资保值提供服务。

3. "房屋 + 租赁托管"

"房屋 + 租赁托管"即针对业主空置的房屋开展托管、委托出租的服务。业主可能因个人原因把房屋长时间空置，除了可选择"房屋 + 美容保养"的服务外，物业管理服务企业还可以提供"房屋 + 租赁托管"的服务。物业管理服务企业通过发展旗下专业公司或与第三方运营商进行战略合作，提供房屋托管、房屋转售服务，推动小区租赁托管行业的发展，为业主提供省心、便利的服务。

（二）规范物业收费问题，创造新的共同价值

物业收费问题是最难统一的问题，由于每个地区的消费水平和收费标准不一样，我们不可能做到依据相关法规来制定统一的收费标准。物业公司要参考当地相关部门的收费范围，并经过业主认可，与业主共同决定合理的收费定价。更重要的是物业管理服务企业应对收费事项进行公开公布。

收费问题的根源是业主从心理上觉得物业没有为自己带来更多的价值，除去基础的管理服务，业主更希望交出去的每一笔费用都能得到满意的回报，因此物业管理服务企业要为业主带来新的价值。

物业管理的小区公共区域空间蕴藏着很多可利用的资源和很大的价值体现，物业管理服务企业可以与业主共同延展这部分的公共区域空间，例如电梯、停车场、快递箱、娱乐休闲活动场地等，对这些公共区域进行合理利用和空间开发，创造新的共同价值。

1. "空间 + 整合运营"

物业管理服务企业在与业主达成一致的情况下，可以充分利用闲置的空间进行整合运营，例如物业可以把闲置的空间租赁出去，将其整合运营成微服务中心，为业主及居民提供快递收发、物件存放等服务，在利用闲置空间的同时，为业主提供便捷的服务。

2."空间+商业价值"

对于小区里电梯、停车场、快递柜等场地的广告位，物业可充分挖掘其商业价值，与业主协商出售广告位，与其他公司签订战略性合作协议，降低空间闲置率，提高空间资源的收入，创造新的收益，发掘其商业价值，并将收入与业主分成或用于抵扣部分物业管理费用。

（三）提供多元生活服务和更多生活便利

物业服务的增值业务除了房屋服务本身以外，对业主的生活服务的延伸也是一个重要方面。物业管理服务企业应拓展多元生活服务，在满足不同业主和住户的日常生活所需之外，提供更多、更便利的周边服务，提高小区居民的生活品质。物业管理服务企业可以利用大数据进行分析，把小区的人群按照角色、年龄等方面进行划分，总结归纳各个类型人群的需求，以日常生活所需为服务切入点，例如房屋家政、快递代收等，将生活服务拓展到社区教育、社区养老、社区金融等各个方面。

1."生活+社区教育"

教育是业主关注的焦点，不少业主为了孩子的教育而选择一个学习氛围浓厚或有良好教育资源的小区，物业管理服务企业可以瞄准业主的重点需求，利用现有的资源，自建团队或与教育机构强强合作，为小区引进教育资源，结合自身的地理位置优势，在小区内开展教育服务机构，开展早教、兴趣班等教学，保证教学资源的优质性。

2."生活+社区养老"

物业管理服务企业可根据大数据分析小区居民老年人数量，调查居民的养老需求，引进专业化养老服务机构，共同构建居家养老服务体系，以家庭为核心，以社区为依托，以老年人的日常生活照料、娱乐为内容，建立社区老年人活动中心、社区老年医疗保健中心、社区老年学堂等服务机构。物业管理服务企业可为业主提供社区养老的上门服务或托老服务，实现社区养老服务模式的创新。

3. "生活 + 社区金融"

"生活 + 社区金融"是物业管理增值服务中具有高投资回报的重要方向，物业管理服务企业可以与银行、支付公司、投资机构等第三方金融机构合作，提升社区金融服务的便捷性，例如代收水电费、电话费、代理非税收收入、代缴交通罚款等，代理各种便民服务，方便居民生活；开发、销售理财产品，帮助小区业主实现财富增值；开展金融知识与服务讲座，丰富物业活动。

第三节　城市社区公园运营管理模式创新

一、城市社区公园运营管理创新模式提出的背景

如今在世界范围内，许多发达国家和地区在社区公园运营管理方面已经形成了较成熟的经验，在智能化、共享性及公益性方面均有成功案例。如日本都科摩公司于 1999 年首次将信息技术应用到了公共服务当中，以此开发设计出了基于信息技术应用的 i-mode 信息查询系统，用于之后的公园运营管理中；澳大利亚珀斯国王公园成功引导社会市民参与公园发展事业，先后成立了国王公园之友等多个社会组织自发为公园事务服务。从以上城市公园管理经验和做法来看，虽然各个国家的国情不同，其公园管理模式存在差异，但基本都是以对公共环境管理智能化的分析为基础，同时从人性化角度开展多项公益性的活动，使得公共交往空间更富有人情味。由此可见，国外城市社区公园管理模式的发展越来越趋向于信息技术智能化，强调市民公众参与共享，同时在运营中注重公益性质活动的开展，增加社区的信任，建立政府与居民沟通的桥梁。

与国外的公园管理实践相比，国内对城市公园的创新管理模式研究尚处于起步阶段。目前发展阶段的管理形式是引入智能技术的理念与方法，提高运营管理的效率，比如北京的奥林匹克公园在智慧系统方面就有很多应用，包括智能灌溉系统、音频求助系统、智慧监控、水质监控与声光报警系统等。但以上公园管理形式主要运用于城市综合性公园的运营管理，对于以社区公园为研究对象的智能化案例成果并不多见。另外，我国民众长期受计划经济影响，其社会公共事务参与意识淡薄，积极性不高。不同人群对于公园的需求不同，如政府主导决策建设方向与公众需求的冲突、不同年龄层使用者对公园功能需求的冲突，以及本地居民与外来游客之间权益冲突等问题，也加大了社区公园运营管理的难度。因此，

发展符合中国国情的创新型公园管理模式,特别是针对社区公园的新型管理模式,是新时代下中国社会发展面临的新课题,也是社区公园未来发展应该关注的重点。

在我国现行体制下,社区公园的运营管理大多数由政府委派社区全权负责,由于社区在公园管理上缺乏专业性及系统性,由此产生的问题集中体现在园容不整、设施维护不到位、文化氛围较弱、公众组织参与性差、公园发展停滞不前等方面。而且现有社区公园大多活动项目有限、活动空间划分缺乏联系性、商业开发过度,影响着人们对公园的使用,同时公园的管理体制、经费来源、后期维护都存在较大漏洞,这就促使我国社区公园必须快速更新换代,探索新的运营管理模式。

上述问题的出现本质上都可以归咎于公园管理机制中系统管理方法的陈旧、缺失和实施不到位。鉴于上述典型问题,本项目由此提出了社区公园管理的"ICC"模式,即在政府及社区组织监督的管理体系下,构建一套具有智能化、共享性、公益性的社区公园运营管理模式。如何建立智能数字化管理平台,实现公众共享参与管理,实现公益性社会效应是本课题的主要研究方向。随着社会经济和生活水平的不断提高以及国内科技智能化水平的高速发展,市民群众对于公园的品质、内涵、功能、开放时间与服务质量等方面的需求也在不断提高。特别是对老人和孩子而言,公园已经变成他们不可或缺的重要生活要素,公园在改变着社会和现代人的生活方式,成为居民提高生活品质的重要载体之一。

二、城市社区公园运营管理创新模式的研究意义

21 世纪以来,城市公园的发展同多项新科学、新技术的出现紧密相连,信息科学、计算机的发展等都为公园的建设和规划带来了新的理论、方法和视角。智能化技术是将信息网络、计算机、人工智能等多项技术集成为一体的综合智慧技术。伴随着各种先进技术的不断发展,将智能化技术引入城市社区公园的运营管理中既是现代社会发展的必然,也是社区公园自身建设的需求。

三、城市社区公园运营管理创新模式的策略

随着人民日益增长的物质文化需求，人们对美好人居环境的需要也逐渐提高。人们需要在居住区周围享有优美环境——可供运动、休闲、娱乐的社区公园。可以预见的是，在未来的城市中，通过建设数量众多且分布广泛的社区公园来提高人们的居住生活质量。对于怎样在城市中规划建设大量优质社区公园是目前值得探讨的问题。笔者对此提出以下几点建议。

（一）活化公共资源价值

城市公园是属于全民共享的公共资源。对于这类不产生直接价值收益的公共服务产品，往往很难保证全民都得到良好的绿色资源。倘若社区公园在为全民提供免费服务的同时，并进行适当的价值活化，产生社会价值收益，将会在一定程度上改变资源配备的被动性，使社会资源主动向公园建设的方向倾斜。

（二）商业景观运营模式

商业景观运营模式的首要前提是要满足目标人群的切实需求，通过量化分析各种条件进行最大化的价值创造，这是一种科学合理的现代景观建设模式。在社区公园复合开发模式中，要充分借鉴这样的方式，使公园发挥出最大效益。资本投资商的初衷是希望以优质的社区公园带动周边城市区域的整体发展，提升土地价值。而要让这一目标得以成功实现，就必须确保社区公园建设中的每一个环节，包括规划、设计、施工、养护、运营等方面，都选择最适合的专业团队人员进行作业。选择的方法就是通过市场竞争，择优录用。这将是社区公园高水平建设成果的保证，也是社区公园复合开发模式区别于传统建设模式的核心竞争力。

（三）政府和企业形成良好合作关系

社区公园的建设能够实现政府、市民、开发商三方受益：政府不仅节约了修建公园的资金，还通过公园的落成带动了一个新城区的发展。城市居民可以免费享受社区公园为他们创造的美好的生活环境，可以拥有一个可供步行游憩、健

身娱乐、社交集会的环境优美的户外空间。开发商不仅通过社区公园获取了更高的经济效益，还和政府建立了良好的合作关系，在城市居民中树立了良好的企业形象。

随着市场经济的发展，我国已经涌现出越来越多优质的民营企业，其中不乏一些有社会责任感并且愿意为国家贡献力量的企业，政企合作建设社区公园就体现了企业家的责任感。

第四节　我国城市社区文化建设的立体式模式

随着我国城市化建设的深化，人们生活方式日趋社区化。社区建设的重要内容之一就是社区文化建设，这也是新形势下中国特色社会主义文化大繁荣、大发展的基础。社区文化建设是提高城市社区管理水平、创建社区文化品牌、提高社区文化竞争力乃至综合竞争力的重要途径，更是推动社会主义精神文明创建活动、全面提高社区居民文明素质的迫切要求。

城市社区文化建设涉及社区内外的方方面面，其中社区文化建设主体、建设内容、建设介体是社区文化建设发展的三大主要因素，每一个要素的内部结构都呈现出层次化、系统化、立体化态势，只有把众多构成要素和影响因素整合起来，形成立体式的建构模式，才能促进社区文化繁荣发展。

一、我国城市社区文化立体式建设主体的建构

社区文化建设的主体不仅包括政府部门、社区内基层组织、事业单位，还有大量的中小企业、公益慈善组织、众多社区居民等。我们必须通过科学的管理，形成以政府为引导、以社区基层组织为主干、以企事业单位为辅助、以公益组织为补充、以广大居民为依托的立体式建设主体模式，灵活组建部门、单位、人员，把众多建设发展主体有效组织起来。为确保成功建构立体式建设主体，我们必须从人才本身出发，树立科学的社区文化观，疏通文化人才引进、培养渠道。

坚持以人为本，树立科学的社区文化观，为立体式建设主体的构建提供思想保障。

社区文化建设要以人为本，我们要把社区文化建设真正作为社区内广大居民群众的一项事业来抓，正确引导广大居民群众真心诚意地关心和参与社区的文化建设。因此，社区文化建设要在以人为本的基础上，重视社区居民的文化需求，

充分发挥居民的自主选择权和自由发展权，最大程度地满足居民多元文化需求，真正做到"以人为中心"，避免"重物不重人"的形式主义和盲目跟风。

　　人是社区文化建设的主体，要想建构立体式社区文化建设主体，需要最大限度地吸引各部门、各单位、广大居民积极参与到城市社区文化建设中来。社区文化建设属于公益性事业，需要国家与民间共同努力来打造安居乐业的生活环境，我们可以通过政府、单位和居民等各个因素的结合，通过居民、单位与政府的协调配合来加强城市社区文化建设。因此，我们可以从以下三个方面来树立科学的社区文化建设观念，为立体式建设主体的构建提供思想保障。

（一）政府方面

　　政府要高度重视社区文化建设。政府官员不仅要具备科学文化理念，还要以身作则，大力宣传我国文化建设的方针政策，将文化建设同经济建设、政治建设一道纳入城市社会发展规划中。当前政府不仅要满足人民日益增长的物质需求，还要加快文化建设的步伐，积极推进社区文化的大发展、大繁荣，让居民享受到高质量的文化成果，促进居民全面协调发展，提升整个社区的文化活力和竞争力。

（二）社区基层组织、单位方面

　　社区基层组织和社区内的各单位要认识到良好的社区文化要以教育人、引导人、鼓舞人、塑造人为任务，不仅要扩大社区民主政治，改善社区人文环境，还要提高社区服务质量，增强居民之间的联系，提高居民对社区的认同感与归属感，从而提升居民的综合素质，促进居民全面发展。特别是对于社区内的各单位来说，虽然单位内部有自身的文化建设要求和活动，但单位的外部环境也不能忽视。良好的社区文化对单位文化的整体提升有着积极的影响，两者有机结合，才能实现互利共赢。所以社区基层组织和单位应建立居民联络机制，充分发挥居民的聪明才智，动员居民组织开展好各类文化活动，让社区居民在享受文化大餐的同时，提升自身素质。

（三）居民自身方面

居民作为社区文化建设的主体，有责任和义务为社区文化的发展贡献自己的力量。

"社区是我家，建设靠大家"不仅仅是一句口号，更要求广大居民积极投入到社区文化建设中去。居民应积极为社区的文化发展建言献策，提出自己的思路见解，充分利用各种资源，融入社区文化建设中，有效改变社区资源匮乏现象，这样才能携手打造出文明发展、健康祥和的社区。

二、我国城市社区文化立体式建设内容的建构

鉴于城市社区文化是依托地方性、区域性的社区发展起来的，本着"从群众中来，到群众中去"的路线原则，整合社区内外各种资源，有效服务地方，是社区文化建设发展的应有之义。整合丰富的社区内外资源并加以有效利用，也是社区文化建设的重要条件。城市社区文化建设的内容不仅包括硬件内容，如充足的经费、优美的环境、活动场地、活动设施；还包括各类软件内容，如活动项目的质量水平、社会效益、经济效益等。

（一）加大资金投入，拓宽筹资渠道，为城市社区文化立体式建设内容的建构提供物质基础

1. 政府要加大投资，做好社区文化建设资金的财政规划

目前我国城市社区文化建设的资金绝大部分来自政府财政下拨的款项。因此一方面，政府要加大对文化建设的资金投入；另一方面，对于有限的资金，财政部门应该根据年度财务规划，切实做好社区文化建设的财务预算、决算，把每一分钱都用在刀刃上，有效保障社区文化场地充足、器材设备安全、人员培训正常、活动开展顺利等。只有建立科学而严谨的财务规划，才能形成保障社区文化财政的长效机制。

2. 争取众多社会力量投资，满足其社会效益和经济效益

我国社会转型正在深入，社会上竞相出现了多重社会力量，除了固有的政府

部门、事业单位，大量的中小企业、公益慈善等非政府组织纷纷诞生。社区应主动联系它们，充分发挥社会力量，拓宽筹资渠道。在科学规划专项资金的基础上，政府可以制定一些政策措施给予投资主体一定的回报。例如，投资者在创办社区幼儿园时，可以获得一定的建设补偿费，政府也可以把投资项目的命名权、广告权等交给投资者。这样可以减少投资者的投资风险，让他们不仅取得社会效益，而且取得一定的经济效益，从而进一步激发他们参与社区文化建设的积极性。政府还可以利用市场，通过提供场地的方式，吸引一些商业文化团体入驻，或不定期在社区内举行商业演出活动，收取适当的场地费、管理费，从而形成良性的多渠道的社会投资体系。

（二）共享社区资源，全面利用文化设施，为城市社区文化立体式建设内容的建构提供可持续发展力量

文化活动的组织、开展必须有一定的场地和设施，现在社区的环境、硬件设施基本完善。但随着经济的发展、人们生活水平的提高，人们的文化活动需求越来越旺盛，也越来越有个性特色。为更好满足人们的文化需求，社区一方面应尽可能增加新的设施器械，另一方面应做到既有文化场地、设施的资源共享，并适度发展有偿文化服务，体现文化的经济效益。

1. 社区文化资源共享是重要途径

社区内的各个政府、企事业单位都承担了一部分社会职能，也投资建设了自己的文化场地和设施，但有的单位内部的文化设施不能充分利用，存在一定程度的闲置和浪费。

政府文化职能部门应出面协调各部门和单位，鼓励他们开放场地和设施，高效利用文化资源。

2. 文化建设市场化、产业化是社区文化建设的重要方向

社会主义市场经济的发展为文化产业提供了重要的发展机遇，政府在提供福利性、公益性文化服务的同时，应大力发展文化产业。因为人们的文化消费不仅仅是单纯的文化行为，也是经济行为。社区内可以引入一定量的文化产业，丰富

文化消费产品，在满足社会效益的基础上，文化企业可以通过合法经营、依法纳税，面向市场，为人们带来一定的经济效益，在实现利润最大化的同时实现社会整体利益的最大化。

三、我国城市社区文化立体式建设介体的建构

城市社区文化建设的健康发展、立体式主体和内容的构建，都离不开建设保障系统。城市社区文化建设立体式介体的建构，涉及文化建设的各种工具、道具、手段以及运用、操作这些工具、道具、手段的程序和方法。城市社区文化立体式建设介体的建构，必须合乎文化建设法律规范，以科学的方法、合理的程序使用文化建设工具、道具，并在科学的文化建设规划下开展文化建设活动，形成文化建设的立体式介体结构。只有依据这种立体式介体结构，才能把建设主体和建设内容有机联合起来，形成合力，共同建设社区文化，促进社区文化繁荣发展。

（一）坚持依法治国，完善社区文化建设的相关政策法规，为城市社区文化立体式建设介体的建构提供法治保障

社区文化整体建设，必须充分利用我国现有法律来规范社区各部门、各单位、每个成员的行为，建立健全社区文化建设的法规体系，并制定合理的政策，使政府、社区、居民有效开展社区文化建设，保证社区文化建设有法律法规和政策的保护。

首先，政府要注意法治建设，一切社区文化都必须在法治的规范下建设。其领导组织机制、投入机制、约束机制和考核机制等都要规范化、制度化，做到有法可依和有法必依。政府要从政策上明确社区成员参与社区文化活动的地位，明确工作职责，强化责任追究，形成权责明确的法律追究机制。

其次，社区管理部门从本社区的实际出发，制定切实可行的管理制度和区规民约，以规范和约束社区日常生活中的各种行为。其立足点要放在保障社区居民的文化权益、维护社区的文化设施等方面，以保证社区的文化活动有序开展。

最后，建立社区居民民主参与机制。所有关于文化建设与发展规划的决策与执行过程都要公开透明，让居民有机会参与并监督社区文化建设。居民中不乏专

家学者，在制定有关政策法规时，政府应向有关居民征询意见和建议，采纳相关居民的意见，使政策法规更加符合民意，切合实际，深入民心，增强政策法规的科学性和有效性。

（二）坚持科学发展，制订社区文化建设规划，为城市社区文化立体式建设介体的建构提供机制保障

社区文化不单纯只是唱唱歌、跳跳舞，它的目的是满足居民日益增长的文化、精神需求，营造社区文化氛围，促进社区和谐发展。这就要求社区文化建设的相关领导和职能部门树立"以人为本、科学发展"的理念，在社区文化建设中充分调研，了解居民的文化需求，认真规划，尽量做到为每一个居民提供恰当的文化产品服务。

1.理顺社区文化建设运行机制

社区文化建设的组织者、参与者众多，既包括各级党政机关，也包括下属部门、社区内的企事业单位、非政府组织和社区居民等。把这些部门和人员有效组织起来，开展好社区文化活动，是一项系统性工程。为此，我们必须理顺政府、街道、居委会、下辖单位、非政府组织、居民的关系。目前对社区管理一般按照"两级政府、三级管理"的制度，在这种制度下，我们应理顺社区文化建设的具体运行机制，各部门要分工明确，各司其职，同时要打破条块分割，加强社区自治，鼓励社区的企事业单位、非政府组织、居民等积极参与社区文化建设，形成政府认可、居委会指导、社区基层组织执行、居民积极参与的社区文化运行机制。

2.制定社区文化发展规划

为了使社区文化各项工作规范化、制度化、科学化、系统化，各个社区就应该结合本社区的具体情况，制定出社区文化发展规划。发展规划至少包括总体发展规划、专项发展规划、阶段性发展计划、活动实施方案等内容。

社区文化总体发展规划主要是明确工作开展的指导思想、基本原则、基本任务、阶段性目标、考核指标等，对整体工作起着顶层设计的作用。专项发展规划主要是各个社区结合本社区的区域位置、地理环境、人口素质、经济条件等不同情况，按照总体规划的要求，制订出的各具特色的发展计划，主要包括具体工作的提出背景、特色意义、任务目标、工作重点、实施措施、组织步骤、评价标准等。阶段性发展计划主要是根据年限发展要求，整合社区的各种文化发展资源，制订出的各层级的发展计划，主要包括文化场地的选定和建设、文化队伍的组建、文艺创作任务、大型文化活动的开展等。具体文化活动实施方案主要是根据发展规划和计划，针对某一具体活动制订的实施方案，主要包括具体活动目的、活动时间、负责机构和人员、组织形式、活动内容、考核（奖励）办法等。

做好这一系列的规划、计划、方案，才能保证社区文化活动的有序顺利开展，并做到任何活动的开展都"有法可依、有制可查"。

综上所述，城市社区文化建设主要由建设主体、建设内容和建设介体组成，其中建设主体发挥主动性作用；建设内容作为建设的客体，是主体活动的直接对象；建设介体是前两者的中介桥梁，三者共同构成立体式模式。在这种模式内，主体、内容、介体的内部结构又都呈现出多因素、立体式态势，充实了整个模式的运行过程，最终达到整体模式与内部子模式的互联互动，共同促进城市社区文化的发展。

第七章 我国城市社区建设及体制创新

第一节 社区建设的善治

社区治理与善治的研究范式和话语在当前社区治理研究中得到广泛应用。有些学者注重研究社区的治理结构；有的学者构建社区善治模型，探讨社区善治的途径；有的学者采取历时性分析视角，论证社区建设由管理向善治转变的必然性；有的学者从"国家与社会"分析视角，研究党政部门、社会组织和居民在社区治理与善治中的地位和作用；还有的学者从改革社区治理结构和管理体制方面入手，主张构建一个政府、市场、社会组织和居民之间平等参与、协商共治、责任分担的制度平台，克服和解决当前社区治理中的参与困境，使各主体形成一种良性互动关系。在对该范式的界定等方面，学者们主要沿用和移植了治理与善治理论来开展相关分析和研究。但一个不容忽视的现象是，在运用善治理论来研究和探讨社区善治的相关问题时，学者们在一定程度上忽视了对社区善治研究范式本身的理论探讨和反思，对社区善治本身的理论容量则缺乏应有的理论观照和学术关怀。本节试图通过对社区善治范式的构成要素和理论特质进行探讨和分析，以深化对该问题的认识。

一、社区善治的要素整合

本节认为，所谓社区善治，是指多元主体，包括国家力量和社会力量，公共部门和私人部门，执政党、政府、社会组织和社区居民，以平等参与、合作共利益共享为桥梁和纽带，共同推动社区和谐发展、全面发展、有效互动，从而实现社区治理中的公共利益最大化的过程。从价值取向上看，社区善治努力追求和实现"好"的治理、"有效"的治理、"最佳"的治理，是对基层民主政治和公共治理活动的一种美好的诉求和期待，使执政党、政府、市场组织、社会组织、居民在社会公共管理活动中达成一种理想状态，并确立一种最恰当的关系。本节拟从社区善治主体、社区善治客体、社区善治内核和社区善治过程等方面阐述社区善治理论的构成要素。

（一）社区善治主体：平等协商的多元主体

关于社区治理主体的范围，学界存在不同的看法。有的学者认为，政府不是社区治理的参与主体，社区治理的主体包括居民、社区自治组织、社会组织和市场组织。而有的学者认为，社区治理主体应当包括党组织和政府的派出机构。我们认为，判断某一组织是否是社区善治的主体，应当根据其在社区治理中承担的职责、发挥的功用和法律规定等方面来进行综合分析。当前，政府部门是社区建设所需要的资金、政策、信息和法律等治理资源的重要来源，在公共产品和公共服务方面发挥着不可替代的作用，因而是推进社区善治必不可少的主体之一。

根据我国社区建设与治理的实际情况，社区善治主体包括：一是党的基层组织。党的基层组织要通过创新社区"党建＋"工作模式，将党在社区治理中的政治引领、组织保障和社会服务的功能融入服务居民、服务社区的各项活动中。二是政府职能部门。政府职能部门在社区治理中的行为体现的是以"命令－服从"为特征的行政机制，具有刚性和强制性的特点。三是社会组织。社会组织在社区治理中体现的是"协商－自愿"的社会契约精神，具有公益性和志愿性的特点。四是市场组织。市场组织以等价交换和商品货币关系为行为规则。五是社区自治组织和居民。社区居民是社区治理的参与者和社区发展成果的享有者，社区建设的根本目的就是为了以居民为中心，通过公平合理地配置社会资源和社会机会，不断满足居民对高品质生活的需求，打造共建共享的社会生活共同体。

从主体间关系看，社区治理主体间以"平等协商—共建共享"关系为主，这种横向的平等协作关系改变了过去政府包揽一切、包办一切、包打天下的大包大揽的做法，力图在政府与社会之间形成一种合作伙伴关系，共同致力于促进社区公共利益的最大化。值得注意的是，社区善治主体的行为边界不再是泾渭分明、固定不变的，而会出现一定程度的模糊性，政府机构和社会组织在公共事务中的责权划分要经过不断磨合调整，在动态中达成平衡和谐状态，以便更好地适应社区建设与治理实践的新形势、新要求，这也显示出社区善治理论兼有原则性和灵活性的特征。

（二）社区善治客体：公共利益最大化

公共利益涉及两个非常重要的问题，即公共利益的界定与分配的问题。如何界定公共利益是公平合理地分配公共利益的逻辑前提。从这个角度来看，社区善治就是充分调动和整合社区内外资源，在实现公共利益的最大化的同时公正合理地分配公共利益。

学界关于公共利益的认识存在较大分歧，还没有形成一个公认的权威定义。不同学科关于公共利益的界定，体现了各自的视角和特点。从经济学的视角，公共利益具有非排他性和非竞争性；从哲学视角，公共利益存在于私人利益的实现过程中，公共利益为实现私人利益提供了社会保障；从管理学视角，公共利益是在多元社会治理中，政府部门与社会部门在利益的生产与分配上达成的共识；从政治学的视角，公共利益的产生与政治制度化密切相关，一个拥有制度化的统治机构和程序的社会，能更好地阐明和实现其公共利益。这些不同的观点说明，不同学科对公共利益的界定和认识的确存在较大分歧。这些不同认识正说明了公共利益的复杂性和重要性，也为深化认识提供了思想资源。本节认为，学者应当从公共利益的社会关系属性来展开分析。因为从本质上来说，公共利益强调的是某种行为和事物的社会属性，所以应当从该行为和事物对其他社会关系的影响程度方面来进行研究。如果某种行为对社会关系影响较小甚至没有影响，那这种行为就可以被判断为私人行为，而不属于公共利益的范畴。比如，商品房是属于个人所有的财产,所有权人享有支配权,其他人不能干涉,但是如果这个商品房已经倾斜,成了危楼,危及过往行人或车辆的安全,那就涉及公共安全和公共利益问题了。

结合我国社区建设实际,社区公共利益主要包括:社区公共安全,包括社区治安、安全生产、车辆进出与停放、水电气的管理、社区矫正等;社区就业,主要包括就业技能培训、就业信息服务、社区公益岗位、社区便民服务等;社区医疗卫生,包括社区医疗服务、疾病预防、心理疏导、病患陪护、计生工作、卫生宣传等;社区教育,主要包括社区课堂、继续教育、学生辅导、科学文化普及、公共讲座等;社区公共设施,主要包括社区道路、路灯、广场、体育文化设施、居民活动中心等;社区公共环境,比如绿化、宠物、噪声、垃圾处理、乱停乱放等。这些社区公共利益都是"基本民生",是落实以公平正义为核心的社区社会建设的重要内容,关系到社区居民能否享受到均等化的公共服务。

(三)社区善治内核:权力与权利的双向互动

广义的权力观认为权力的本质是一种支配力和影响力。社区居民和社会组织依据法律所享有的权利也被视为一种权力。按照这种看法,社区权力谱系呈分散状态分布,权力主体和权力类型也是多元化的。但即使把支配力和影响力作为权力的核心,实际上政府部门所拥有的支配力同社会组织或个人所拥有的支配力是有很大不同的,二者在性质、形式和法律后果方面呈现出本质的差异。国家权力和社会权利的互动关系是社区治理中的核心命题。

在社区场域内,权力与权利之间、不同权利之间的互动关系决定了社区治理的运作模式。根据国家权力与社会权利互动关系的不同,我国社区在发展过程中形成了三种不同的治理模式,即政府主导型社区、合作型社区、社会主导自治型社区。在社区治理中,国家权力与社会权利、不同群体的社会权利之间处于博弈的状态:首先,就国家权力与社会权利之间的关系来说,社区治理发展的不同阶段和不同形态,是政府与社会之间相互博弈、妥协和斗争的结果,表现为一种压力下的渐进式运动。正如美国社会学家博克斯所指出的:"社区生活有时是以共识、合作和渐变为特征的，但这只是例外情况而不是常态。在更多的时候，社区环境是冲突性、竞争性的，充满着令人不安的变化。"其次，就社会权利之间的关系来说，一方面，社区治理主体的权利是由法律规定和授予的，法律是调节权利关系的重要手段；但另一方面，在利益分化的背景下，不同利益集团之间、不同的社会群体之间的利益取向并不一致，由此造成了不同权利主体之间的利益冲突。

（四）社区善治过程：从管理到善治的转变

随着社会治理形势日益复杂多变，社会治理模式也正在从单向管理转向双向互动，从单纯的政府管理转向社会协同治理。从管理到治理的转变有两个重要条件：一是随着计划经济体制向市场经济体制的转变，国家全面掌握资源分配的时代结束了，单位制管理模式逐步解体，以纵向为主的资源配置方式也随之改变，这为社会横向参与提供了空间。二是市场经济逐步发展并在资源配置中起决定性作用，利益来源、思想观念、组织方式和生活方式等都日益分化和多元化，构建多元参与、协调互动、利益共享的治理格局成为客观需要。社区治理的发展过程可以大致分为先后相续的两个阶段，即"管理—控制"阶段和"治理—善治"阶段。

1. 社区治理的"管理—控制"阶段

这一时期社区建设的显著特点是，强调国家权力向基层社会的纵向延伸，居委会行政化趋势加剧，忽视了横向的居民参与网络和合作能力建设，草根民主和社会资本发展缓慢。《中华人民共和国城市居民委员会组织法》确立了社区治理的基本结构，即以"街道办—社区党支部—居委会—居民"为轴心的纵向社区权力结构，对我国社区治理的运作模式产生了深刻影响。根据这部法律，社区居委会是一个群众自治性组织，享有法律规定的自治权，但也要接受政府部门的工作指导，协助政府相关部门履行行政管理职能。在社区建设与治理的实践中，社区居委会"自我管理、自我教育、自我监督、自我服务"的自治功能日益弱化，而行政化问题日趋严重，破解社区自治组织行政化的难题成为社会各界普遍关注和重点研究的热点问题。

2. 社区建设的"治理—善治"阶段

在这个阶段，以"参与、合作、共享"为核心的社区治理理念开始成为社区建设的指导思想，居民参与社区治理的途径、方式越来越多样化。社区治理不再仅仅以国家权力的纵向分布为核心展开，政府治理、社会自我调节和居民自治的良性互动格局开始形成。党的十六大提出了建设管理有序、文明祥和的新型社区的要求。党的十七大提出了关于社区治理的社会生活共同体理论。社会生活共同体理论的提出，表明社区治理不仅包括党和政府自上而下的管理活动，而且还强调一定地域内居民的有机组合和良性互动，地域性、认同感和公共生活是社区建设的重要内容。党的十八大强调要发挥基层各类组织协同作用，实现政府管理和基层民主有机结合。党的十八届五中全会提出要构建全面共建共享的社会治理格局。党的十九大提出要实现政府治理和社会自我调节、居民自治的良性互动。在城市社区建设实践中，纵向的权力配置和横向的社区参与开始形成纵横交错的网络结构，国家权力与社会权利在博弈过程中逐渐形成推动社区治理良性发展的合力。

二、社区善治的理论特质

马克思指出："每个原理都有其出现的世纪。"理论创新是时代的产物，凝聚着时代的精华，发挥着指导人们的社会实践、推动社会发展进步的重要作用。社区善治也是时代条件和社会实践的产物，经历了从社区管理、社区治理到社区善治的发展变迁历程，具有科学性、实践性和包容性等理论品质，揭示了我国社区建设与治理的内在发展规律。

从科学性来说，社区善治体现了社会主义民主政治发展的内在要求和发展规律。从善治与民主的关系看，善治不仅强调民主的形式，也强调民主的实质；不仅强调民主过程，也强调民主结果。社区善治集中体现了社会主义民主政治的价值取向，也是指导社区治理的方法论。从权利与权力的关系来说，社区善治强调国家、市场和社会之间的良性互动关系，其权力向度是双向的，共同致力于社会公共利益最大化。从社区建设的实践来看，政府部门、社会组织与居民之间的合作共治将成为常态，国家与社会之间的边界将随着社会治理实践的推进而不断调整，基层党组织要创新社区"党建＋"工作，充分发挥团结群众、带领群众和服务群众的政治整合作用，社会组织和居民也要更广泛、更深入地参与社区治理的各项工作中。

从实践性看，社区善治是对日益复杂的社区治理形势的回应和关怀。社区善治充分认识到不同主体之间错综复杂的关系：一方面，社会内部存在利益分化、阶层分化、群体分化的现象，不同主体之间往往存在着激烈的竞争关系，社会矛盾和冲突时有发生；另一方面，党领导下的以法治为保障的社区多元治理结构为克服短期利益竞争，建立长期合作关系，维护公共利益奠定了政治基础。社区善治立足于复杂多变的社会现实，不断完善社区治理制度空间，推进基层治理法治化，保障社区治理参与者的合法利益，合理地界定社会自治与政府管理之间的运行边界，激发社会主体参与活力，为社会提供发展动力。

从包容性方面来说，社区善治着眼于利益分化的社会背景，正视各种矛盾冲突和利益纠纷，健全利益表达、利益协调和利益保护机制，构建多元参与、共建共享的治理格局，克服分歧，寻求社区公共利益的"最大公约数"，公平合理地配置社会资源，从而不断提高社区居民的福祉，满足群众对美好生活的期待。一方面，可以减轻政府的压力和责任，改变政府在社会治理方面的全职保姆的角色，让政府职能部门从具体琐碎的行政事务中解脱出来，将有限的行政资源用于公共服务、规则制定和有效监管等方面，从而降低行政成本，提高行政效率；另一方面，这样可以促使社会进行自我管理、自我教育和自我服务，激发社会参与意识和公共精神，提升社会调节能力，培养居民的组织协作能力，进而实现政府治理和社会调节、居民自治的良性互动。

第二节　我国城市社区建设

改革开放以来，随着社会主义市场经济体制的建立，我国城市的社会管理结构发生了很大变化，过去的"单位人"逐渐转变成"社会人"，尤其是自由流动的资源和自由活动的空间在社会中出现，导致城市原有的基层社会管理体制"单位体制"和"街居体制"相继失效或失灵，而此时大量社区则应运而生，社区管理成为城市治理的主要内容。

作为现代城市的实体组成部分，社区所具有的自我管理和自我服务的社会功能，在城市治理中发挥着独特作用。所以，在理论与实践上研究社区建设问题，能够更好地使我国由单一的行政管理模式转变为政府和社区积极互动的良性治理结构，完善政府依法行政和社会非政府组织积极参与的互动机制，逐步构建"小政府、大社会"的现代城市社区管理框架，减轻政府的财政负担，转变政府工作职能，使政府移除不该管理的事项，切实管理好该管理的事情，社会的事情交由市场与非政府组织，从而更好地使资源配置达到最优化。同时，这对维持我国城市的正常秩序，促进城市的和谐发展与经济繁荣，满足城市居民物质与文化需要，迎合不同层次和不同领域居民的利益诉求具有重要的意义。不断完善我国的城市社区建设，现已成为我国社会发展的一个战略性问题。

一、城市社区建设存在的诸多问题及其原因

我国的城市社区热兴起于20世纪80年代。到20世纪90年代，城市社区公共管理模式的改革逐步提了出来。尤其到2000年，中共中央办公厅、国务院办公厅转发《民政部关于在全国推进城市社区建设的意见》后，我国各大城市按照有利于社区管理、居民生活、民主自治、整合资源等的原则，掀起了一波全面推进城市社区建设的新浪潮。

经过多年不断尝试，我国的城市社区建设形成了一定的规模，达到了一定的发展水平，具有了自己的特色，也取得了巨大的社会成就，但是与国际先进国家相比，还有很大的差距，主要存在以下几点问题。

第一，相关法律条规建设滞后。这使得我国城市社区管理的权力界限变得模糊，容易引发各种争议。目前涉及我国城市社区的相关法律，主要有1954年通过的《城市街道办事处组织条例》和1990年起实施的《中华人民共和国城市居委会组织法》。由于制定的时间比较早，所以这两部法律已经不完全适应我国社会发展的需要。如街道办事处和居委会之间指导与被指导关系的规定，在工作中并没有被很好地贯彻执行。

第二，居民参与管理的兴趣不高。表现为"城市社区一头热，居民一头冷"，特别是居民参与的机制非常不完善，使得城市社区与居民之间的合作缺乏默契。目前，我城市社区建设的实际情况不太理想：一方面，城市社区提供的让居民参与的事项太少，居民较少涉足城市治理中的公共权力运作，导致居民对其参与的价值和作用表示怀疑，因而缺乏足够的参与城市社区建设的热情；另一方面，城市治理过程中缺乏居民参与的渠道，居民参与城市社区建设缺乏一套详细而规范的程序作为制度保障，因而具有较大的随意性。这也导致居民缺乏参与城市社区建设的积极性，严重影响了城市社区与居民之间的有效合作。

第三，城市社区建设的投资机制不健全。我国的城市社区建设缺少长效资金投入机制，并且投入的力度也不够，一些城市社区建设没有被正式列入财政的预算之中。政府中一些职能部门在城市社区建设方面的资金往往根据本部门或本系统的需要进行分配，因而有限的资金一般是分散而且管理不规范的，缺乏制度化的保障，所以难以发挥综合性效益。此外，除了政府的专项投入以外，城市社区自筹资金的能力也非常差，没有一套完整的自筹资金机制与途径。由于资金筹集的渠道非常狭窄，因此，资金的来源严重不足，使得城市社区建设对政府财政投资的依赖程度较重。这也势必会导致行政全能主义的趋向更为严重，使得城市社区自治的实现变得更加困难。

第四，城市社区的管理队伍及工作人员的整体水平有待提高。在现阶段，我国的城市社区管理队伍存在一定的问题。城市社区的管理人员待遇较差，城市社区管理队伍的准入机制不健全，导致一些城市社区的管理人员文化程度与道德素养严重偏低。

二、完善城市社区建设的对策建议

随着社会经济的不断发展，以及改革的不断深入，完善城市社区建设就成为城市管理与发展的重要组成部分。一般来说，要想不断完善我国城市社区的建设，促进城市的和谐发展与经济繁荣，必须认真做好以下几点。

第一，加快转变政府职能，把深化城市社区体制的改革作为工作重点。一方面，政府要努力转变自身的行政观念与职能，摒弃"官本位"的传统思想，树立"权力来源于人民，权力服务于人民"的公仆意识，严格依据法律法规的授权来明确自己在社会管理方面的责任，通过向城市社区放权，进一步厘清街道办事处与城市社区的职责，处理好两者的相互关系，彻底改变政府主导的行政化取向，真正实现"小政府、大社会"的治国理念；另一方面，政府要从建立服务型政府入手，充分调动居民和非政府组织投身城市社区建设的积极性，发挥政府对城市社区在工作上的指导与监督职责，以及在资金上的支持作用和在政策上的引导作用。政府要彻底废除街道办事处随意向居民委员会下派任务的思维以及这种思维产生的制度根源，从根本上杜绝"下改上不改"的现象，把街道办事处与居民委员会之间指导与被指导的合作关系落到实处，把构建一个城市社区利益共同体作为城市治理的终极目标。

第二，建立"权随责走，费随事转"的工作职能，创新政府的管理方式，营造一个有利于城市社区发展的清明政治生态。政府在下放工作职能的同时，要明确城市社区工作经费的拨付标准，城市社区在为有关政府职能部门代办业务时，可以按规定向服务对象开展有偿服务。一般来说，"权随责走，费随事转"存在四种工作方式：一是政府部门只出人不出钱，仅向城市社区派驻人员完成部门职能；二是政府部门只出钱不出人，政府部门通过筹资向城市社区购买服务，城市社区通过招聘人员去完成社区治理工作；三是政府部门向城市社区放权，城市社区通过自主管理与自我服务，完成城市治理的工作；四是政府部门既出钱又出人，对业务性、技术性较强的事务做到"费随事转"的同时，因岗设人，由政府部门最终安排完成，将社会服务的触角延伸到城市社区的每一个角落。

第三，以法律为依据，明确城市社区自治的法律地位，切实落实城市社区公共事务和公益事业的决策权、管理权、公共财政权和监督权，使现实工作重心有计划地下移，提升城市社区的服务功能与辅助管理功能，从根本上保障社区治理的完整性。通过增加公共财政的支出，不断改善城市基础设施，提供更多的公共服务，努力提升公共服务的管理水平，协调好城市治理主体的关系，通过提高居民生活水平与公民素质，达到消除利益分化的社会管理目标。

第四，理顺城市治理的主体关系，促进城市社区的大力发展。在完善城市社区建设过程中，坚持政府与城市社区之间的指导与被指导关系，逐步消除实际存在的领导与被领导关系。政府应该依法加强对城市社区工作的指导，而城市社区则有义务协助政府。

做一些非经常性、非行政性、与居民利益相关的工作。这也是我国城市社区建设的必要条件，有利于优化城市社区内部结构，增强其自身的独立性，改变各项社会资源单向流动的传统管理格局，彻底打破社会资源一元供给主体的模式。

第五，努力构建城市社区居民参与社会管理的平台，加强城市社区与居民之间的合作。城市社区与自身利益的关联度和参与渠道是否通畅，将直接影响到居民参与社会管理意愿的强弱，因而构建城市居民参与社会管理的平台，精心培育与发展城市社区的服务部门，组织丰富多彩的文化生活，可以强化居民对城市社区的归属感，调动居民参与城市社会建设的积极性，使得城市社区建设与居民的切身利益联系得更加密切，促进相互之间的合作。

第六，积极促进城市社区民间组织健康有序发展，不断强化城市社区民间组织的自治地位，降低城市治理的成本。城市社区民间组织的建立，必然引发城市社区的各管理要素的巨大变化。这就要求政府对城市社区的服务与管理进行分类，从广大居民的客观需求出发，本着自愿举办、总量控制、重点培育的资源整合原则，按照市场运作的规律，大力发展非政府机构的社会中介组织，培养专业的社群从业人员，提供更加科学的服务项目和服务产品，以符合服务对象的质量要求，让那些符合居民根本利益的民间组织能够得到健康有序地发展。

第七，不断培育居民的民主意识，大力发展具有城市社区特色的基层民主。城市社区居民的民主参与意识，对于城市社区的管理和发展至关重要。提升城市社区居民民主意识，首先要制定和理顺城市社区基层民主的管理体制，使之得到城市社区的赞同与支持，既要让基层的城市社区工作人员在改革中得到实惠，也要让居民觉得自己的权益可以通过城市社区基层组织得到全面的保护；其次要明确城市社区工作人员的身份、职责，帮助他们解除工资、福利等待遇方面的后顾之忧，让他们全身心地投入到城市社区服务当中；最后要让城市社区的多方主客体在扩大基层民主方面献言献策，不断促进城市社区民主水平的提升。

第三节　城市社区体制创新

一、城市社区治理体制创新

随着城市化进程的加快，我国的城镇化率在进一步提升，我国逐渐结束以乡村型社会为主体的时代，迈入了以城市型社会为主体的新时代。但是受住房体制改革、城市化进程加快等因素的影响，房地产商、物业、业主委员会等城市社区治理新主体出现，利益诉求日趋多元化，与此同时，更多的矛盾暴露出来，对于城市基层社会秩序的稳定造成一定的影响。在这一时代背景下，人们更加重视社会治理体制的创新，城市社区的治理工作面临新的形势和变化，所以在当前的时代背景下，重视城市社区治理体制的改革和创新，推动社区治理体系和治理能力的现代化，有效解决社区暴露出的矛盾，维护社会的稳定，是当务之急。

（一）社区治理体制及存在的主要问题

一般而言，社区治理体制是社区治理主体为了一定的社区目标而对社区客体进行的相关体系安排，其中，包括社区治理主体的构成、社区目标的制定、社区治理客体的范围。目前我国社区治理主要存在以下几点问题。

第一，社区资源的配置方式不够合理。这是一个人们长期关注的问题，也是一个非常重要的问题。社区治理体制改革涉及资源的再分配问题，并且这一问题会催生出其他新的问题。

第二，部分居民未能有效进行自治工作，社区治理的活力不足且自治空间受到一定限制。部分自治组织的合法性有待商榷，这些组织自身存在能力不足的问题。

第三，相关方面的法律体系滞后，体系不完善，修改的难度比较大，限制了一些工作的有序开展。

（二）社区治理改革的发展方向

1.政府转型

首先，政府需要做好转型工作，构建起一个服务型的政府，从居民的根本利益出发，明确自身的责任，同时依法行政，对公共事务进行重新界定，结合公共事务的性质等进行分类，不断明确政府自身以及自治组织等社会组织所需承担的职责，确定介入的程度。尤其是对于类型不同的社区，一定要探索出分类治理的方式方法。

2.多机制协调互补

我们应该充分地思考社会的新的增长点有哪些，以及存量和增量的问题。从社区自治的方向来看，居委会可以看作一个自治载体或主体。社区治理是多主体多中心的共治，除了坚持党的领导，还需要重视社区居民的主体性，重视多机制的协调互补，共同促进体制改革的高效进行。

3.完善法律法规

要重视弥补相关方面法律法规的空白，发挥立法机关的作用，结合城市社区发展过程中暴露出的一系列矛盾，进行一定的法律约束以及指导，对一些难以有效解决的问题进行解释和界定，并对社区居民给予一定的政策指导，从公平公正的角度出发，维护社区的发展。

综上所述，未来社会治理的重点是城市区域，但是当前我国很多城市的社区治理还处于比较复杂多变的形势下，若是想要取得有效进展，还需重视城市社区治理体制改革创新工作的进行，构建健康有序的城市社区治理格局，推动社区以及社会更好地发展。

二、城市社区管理体制创新策略

当前我国城市社区管理模式是以政府为主导，以社区自治为辅的行政性管理模式。在新时期，伴随社会主义市场经济改革的深入，很多公共服务、管理职能都从以往的政府承担转向社区承担，由于当前政府主导的社区管理模式还存在管理主体单一、社区自治能力差、居民对社区服务不满意、街道办事处事务处理程序复杂等问题，极大影响了社区管理效果。这种情况下，我们必须积极探寻一种全新的社区管理体制。

1. 建立权责明确的社区管理体系

在新时期下，实施城市社区管理活动时，必须建立权责明确的社区管理体系，社区管理体系应该由社区成员代表、社区党组织、社区居委会等共同组成，其中社区成员代表是社区管理的决策者，需定期对社区公共事务进行讨论、决定；社区党组织需要在思想上对社区管理活动进行引导，把握原则、方向，支持社区自治，不干预社区管理日常事务；社区居委会主要负责社区管理的日常事务，是社区居民进行管理、服务、监督的群众性组织。在社区管理活动中，还需要尽快健全资源配置机制，加强社区公共基础设施的建设，不断提高社区公共服务能力，满足社区居民的各项公共服务需求，平衡各方利益，提高社区居民对社区的认可度。要完善社区工作机制，加强社区文化建设，规范社区道德，通过社区文化、道德实现对社区居民的约束，从而有效减少社区居民之间的矛盾，促进和谐社区建设。

2. 扮演好有关部门的角色

在城市社区管理活动中，政府有关部门必须从民生优先的角度出发，扮演好自身角色，从而更好地促进城市社区管理活动的开展。在新时期下，有关部门的角色应定位在以下几个方面：①引导者。在社区组织的成长过程中，有关部门应该扮演好引导者的角色，要主动去帮助、扶持社区组织的成长，这样才能更好地促进社区自治的发展，同时还可以准确把握社区发展方向，引导社区朝着规范化、法治化的方向发展。②组织监督者。在社区管理活动中，有关部门可以对社区活动进行组织，或帮助社区组织进行活动组织，同时还能对社区活动进行良好的监督，避免出现越权行事的情况。③保护者。在社区管理中，有关部门应该制定相应的政策对社区组织进行保护，并给予其相应的人力、物力、财力支持，使得社区管理活动可以稳定进行。

3. 完善社区公共服务

新时期，伴随着经济的发展，城市居民的生活水平越来越高，对社区服务的内容要求也越来越多，衣食住行、学习、娱乐、健康、教育等民生话题越来越受到社区居民的关注。在这种情况下，政府必须集中社会、社区等各方面力量，建立全面的社区服务体系，包括生活服务、就业服务、公共服务、急救服务等各方面的服务内容，为社区居民提供多样化、全方位的服务，使得社区居民的生活更加有保障，以此保证社区管理活动的有序进行。要进一步加快社区服务的产业化、社会化发展。在实际中，有很多社区服务项目具有低偿、福利、微利等性质，与社会化、实体化经营相似，对此可以推进社区服务的产业化、社会发展，并建设全新的服务领域，满足社区居民对公共服务的各项需求。此外，还需要充分利用现代网络技术在社区公共服务方面的作用，通过社区论坛、社区网络等，与社区居民进行匿名沟通交流，全面了解社区居民的想法、需求，从而针对性地为社区居民提供公共服务。

4. 推进社区居民自治

城市社区管理的最高境界在于"不管而管"，即由居民自主管理。社区居民不仅仅是社区的居住者，同时也为社区管理的主客体。当前城市社区管理中还存在社区居民管理意识不强、社区管理不积极等现实问题。对此，加快社区居民自治建设显得刻不容缓。首先要拓宽居民的参与空间，要鼓励居民志愿组织的建设，如合唱团、治安巡逻队等志愿性社团，融洽居民之间的感情，加深居民之间的交流，并通过各种文体活动的开展，促进居民团队意识的形成，提高居民的凝聚力，为社区组织的自我发展打下良好基础。其次要注意居民参与形式的创新，如开展居民单元自治、建立社区居民公约等，让广大居民针对与自身利益相关的问题进行协商，共同思考解决方法，充分调动居民的主动性。

综上所述，新时期下，民生问题越来越受关注。城市社区管理是民生问题中十分重要的一项。社区是居民生活、生产最关键的场所，要想真正做好城市社区管理工作，就需要坚持民生优先的理念，对城市社区管理体制进行创新。

第八章　网络环境下社区治理发展的趋势

互联网络已经渗透到了人们日常生活的方方面面，它不仅改变了人们的工作模式，而且也开始全面地改变人们的生活观念和生活方式。人类正在向"数字化生存"的时代迈进。作为人居活动的载体，社区正日益引起关注。把信息网络技术应用于城市社区治理，为社区居民提供个性化、人性化、高质量的社区服务已经成为当前社区治理的新趋势。

第一节　基于互联网的社区主体多元化

网络环境下，基层政府、社区居民、社会组织、企业等社区利益相关方的关系获得了进一步改善的契机。社交媒体、社区信息化、大数据背景下的社区信息需求挖掘等新的技术工具给社区主体多元化的发展提供了信息支持和平台支撑。

一、网络环境下社区服务供给的专业化和社会化

（一）社区信息服务向专业化管理方向发展

社区信息服务的行业管理是根据市场经济条件下服务行业的特点和运行规律来实施的社区服务管理模式。其内容包括两方面：一是建立地域性的互联网信息管理机构。随着社区服务范围的拓展，为了进一步加强对社区社会组织的监督和管理，在民政部门对社会组织进行对口管理的基础上，我国许多城市对街道办事处、社区居委会都建立了相应的行业管理机构。如上海市在街道办事处成立了社区服务中心，广州市部分社区成立了社区服务管理站，这是社区服务行业发展的

方向。这些社区信息服务平台大部分通过政府购买服务的方式，向社会公开招标，完成社区信息化的统一架构；二是通过各项社区认证制度，保障社区管理和服务的健康开展，包括建立完善的社区服务基础制度，制定社会组织服务资质认证标准、社区服务准入制度、社区服务相关优惠制度、社区服务监督办法、社区服务退出制度等。对社区服务的提供、生产、消费做出明确规定，使社区社会组织的活动有法可依、有章可循，杜绝违背社区服务宗旨的不良行为发生。这也为社区信息服务平台的顺畅运行提供了制度保障。

（二）促进社区公共服务社会化

通过实行"购买服务""项目管理"等多种形式促进公共服务社会化。加快社会公共服务的供给方式，相关部门应处变其过去直接向社区拨付人员工资和办公经费的做法，而是根据社区信息服务项目的开展情况提供"项目经费"逐渐强化民政部倡导的对社区社会组织进行"项目管理"和"合同管理"的观念和工作机制，推动社区社会组织逐渐由依赖转向独立。社区社会组织要逐渐转变对上级单位的依赖思想，以独立的社区主体身份积极参与各社会服务项目的竞标并开展为民服务。《国务院关于加强和改进社区服务工作的意见》一文中指出：积极探索通过政府购买服务、项目管理等多种形式，调动社会组织参与社区服务的积极性，促进公共服务社会化，政府对社会组织的经费支付和资助，主要通过购买社会组织的产品和服务方式来实现，政府购买服务的相关标的额度、资质要求、期限、评估标准等信息都能在政府购买服务的网站上查询到。地方政府一旦确立向社会组织购买服务的重点领域，就能通过互联网平台，采用公开招标的方式，建立公正规范的程序和制度。在一定范围内形成一定的竞争，并尽可能组织多个社会组织进行有序竞争、优胜劣汰，实现社区服务的"多中心"供给，提高社区治理效率和资金利用率。

二、网络对社区服务供给主体多元化的要求

（一）明确政府在社区公共服务中的责任主体地位

网络环境下的社区治理创新的最为直接的课题就是社区治理体系的重新规划问题，包括社区治理中的行动者、体制、运行机制、环境等多方面的创新性构想。其中需要首先加以座清的问题则是社区治理体系中的行动者的身份问题，社会多元化逐渐成为时代的新特征，政府不再是肩负社会治理职责的单一主体，非政府组织以及其他社会自治力量正在迅速发展起来，并开始在社区治理中扮演越来越重要的角色。在这种情况下，社区治理中的行动者就是一个由政府、非政府组织和其他社会自治力量构成的行动者系统。在这样一个多元化的行动者系统中，政府应当扮演什么样的角色，又是一个需要优先解决的问题。

在很长时期，政府垄断了全部社会管理的职责。从政府单一主体的社会管理到多元主体共同承担社会治理职责，这是人类社会治理史上的一场巨大变革过程，对政府提出的要求也颇具挑战性。从客观情况来看，社会治理行动者的多元化实际上已经置政府于多元治理主体方的地位上了，即打破了政府在社会管理中的垄断地位，以至于政府必须在服务型政府的建设过程中去寻找自己的位置。可见，正是社会治理主体多元化的客观历史运动迫使政府必须走在服务型政府建设的道路上，而服务型政府建设又反过来推动了社会治现体系的发展，促成社会治理体系的健全，并推动一种新的社会体制的建立。

在非政府组织以及其他社会自治力量迅速成长的情况下，关政府的定位这样一个在近代早期就已经形成共识的基本问题也许应当被重新提起。密尔指出：一切政府的活动，只要不是妨碍而是帮助和鼓舞个人的努力与发展，那是不厌其多的。可是，政府一旦不去发挥个人和团体的活动与力量，却以它自己的活动去代替他们的活动的时候；一旦不是对他们进行指教、劝导并有时指摘而是叫他们在束缚之下工作，或是叫他们退立一旁而自己去代替他们工作的时候，害处就开始

发生了。密尔的这一论述也被后人概括为"有限政府"的原则。

在多元社会治理力量并存的条件下，现代社会已经不再是一个政府"少干预"和"不代替社会"去开展行动的问题了，而是一个政府如何去与多元社会治理主体共同开展行动的问题。也就是说，我们现在所遇到的问题是在非政府组织以及其他社会自治力量开展行动的过程中，政府如何"不厌其多"地提供服务和引导，建立起共同（亦称"协同"）治理的社区治理体系。密尔的观点，或者说有限政府的原则，是在政府与社会分立的意义上对政府提出的要求，它意味着政府按照有限政府的原则行事已经失去了客观依据。事实上，这一新的现象表明，政府与社会分立的局面已经开始松动，在社会治理力量成长过程中，政府与社会的界限开始变得模糊。虽然政府依然是管理者，但社会自身也发展出了众多的管理者，原先单一的管理者与被管理者的关系变得复杂了，管理者与被管理者之间从简单的线性关系变成了复杂的网络关系。

（二）扩大社区公共服务领域中的社会力量参与

根据莱斯特·M.萨垃蒙的第三政府理论，社会组织和政府在功能上互补，鉴于政府在提供公共产品和服务上的不足，在公共服务的传输上必须仰赖社会组织，社会组织应该更多地扮演公共服务提供者的角色。克莱姆从社会组织的特质、目标和实际功效中，总结了社会组织的四种角色，即开拓与创新的角色、改革与倡导者、价值维护者、服务提供者。概括学者的观点，提供公共服务是社会组织的核心功能角色社会组织具有解决社区问题的专门知识并根植于基层，它们能够接近社区，可以对民众和社区的需要作出适当和如实的反映，从而易于发掘社区问题，促使社区成员参与同他们切身利益有关的决策和资源分配，在参与中分享社区公共服务在以往相当长的时间里，服务社区的社会组织在独立性、在信用能力和服务能力等各方面存在不足，因而不能在社区治理中承担起应有的服务。网络环境下的社区服务信息平台，能促进社区治理的多个利益相关方实现信息交互、利益分享、冲突协调和共同发展。当然，社会组织在社区公共服务中角色并非一个主观的自我认定的结果，而是嵌入到社区的社会架构和社会关系中的独特性作用的显现，可以归纳为以下几点。

1.网络互动平台服务功能实现：政府职能转移和公民需求回应

社会组织具有自愿性、独立性、专业性、非营利性等特点，将公共服务交给社会组织经营是一种行之有效的制度模式。其作用不仅限于向社会提供众多服务，承担一些政府部门不该做或做不好、企业做却未必有效的社会事务，还可以通过其竞争的压力，间接提高其他社区公共服务主体的服务水平。在现实生活中，社会组织公共服务职能的发挥主要体现在承接政府职能转移，承接政府退出的社会服务领域。政府职能转移为社会组织提供了生存空间，生存空间的拓展则取决于社会组织对居民需求的回应性，缺乏回应性的社会组织面临着生存危险。在这种压力下，社会组织需要不断增强村社区居民公共需求的敏感性，不断提升公共服务的质量、创新公共服务的供给、探索新的公共服务机制，而社会组织的独特优势恰好为这种回应性和敏感性提供了现实可能性。首先，社会组织是具有独立行为能力的民间组织，其非政府性使它可以避免政府官僚科层制的弊端，在组织体制、结构到项目运作等方面拥有很大的弹性，社区适应性强。社会组织可以根据社区需要调整自己的战略和行动方案，以应对各种挑战。其次，社会组织由于扎根基层，比政府更能体察民情，能够以灵活的方式满足社区居民的各个层次的多样化的公共服务需求。最后，多数社会组织以社会弱势群体或边缘性社会群体作为自己的服务对象，同社区中的贫困居民保持着密切的联系，由于具有专门知识和根植于基层的社会关系，社会组织得以及时洞察社区的新需求，并设法提供相应的服务去满足这种需求。

2.共治倡导：网络公共精神与社区自觉

社会组织在社区组织体系中处于一个节点的位置，社区信息化能打通社区各个主体之间的壁垒，通过网络平台，社区内组织之间、个人之间、组织和个人之间在自愿、互利、互助的基础上，形成了直接的、多元的、平等的横向联合，形成了社区组织体系的弹性整合。社会组织在网络节点上处于的桥梁和纽带作用为社区认同提供了扎实的基础，并运用其沟通力量将松散的居民凝结成共同体。可以说，社会组织的产生本身就是一种公共精神的象征，社会组织通过内部的交流与协作以及与社区内其他组织的平等互动形成了一定的价值和规范，如平等互惠、博爱、互助、参与、宽容、奉献等来引导和调试社区成员之间的关系。这种公共精神和社区意识反过来又如同高能胶将处于原子状态的社区居民黏合成社区人，将各种分散的力量整合成一种力量。同时，在一个具有社区意识和公共精神的社区内，公共服务的提供的成本大大降低，公共服务的供给也将更有效率和效果。帕特南在《使民主运转起来》一文中指出，在一些具有社区意识和公共精神的社区，拥有大量积极的社会组织。这些组织推崇团结、公民参与以及整合。正是在这些社区，建立了富有创造性的医疗计划以及工作培训中心，推动了投资和经济发展，提高了环保标准，发展了家庭护理。总之，有效地管理了公共事务，满足了本地居民的要求。

3. 网络新媒体整合社区资源

由于网络公共空间的扁平化、草根化的特质，让本来就来自草根阶层、来自民间力量的社会组织的作用日益获得社区其他参与主体的认同。这一内在驱动力既非利润动机，也非权力原则，是以志愿精神为背景的利他主义和互助精神，社会组织是组织化的志愿精神。建立在组织化之上的公共精神和公益追求使社会组织具有较强的资源动员、资源整合和资源利用的能力。建构在信任和认同上的社会组织网络蕴含着丰富的社会资源，包括政府的税收和政策支持、企业的技术支持和资金捐助，还有个人的时间和资金捐赠，对各种社会资源的整合和利用使社会组织公共服务职能的履行有了坚实的保障。

社会组织的资源整合可以从两个方向进行考察：资源存量开发和寻求增量资源，一方面，社会组织可以利用其独特的资源配置机制，调动闲散的社区资源存量投入社区公共服务，使社区内的存量资源获得最大化开发和利用。另一方面，社会组织可以通过自身的社会网络整合社区外的社会资源，如社区外的基金会、企业和其他社会组织的资源投入社区，进而形成社区的资源增量。

4.网络社区沟通平台：利益代表和需求表达

维护社区的公共利益，追求社区公众利益的最大化是社会组织的价值追求。对公共利益的价值追求使它们特别强调组织运作的参与性。这种社区参与实际上就是一个政府、企业与民众的互动过程，社会组织成为社区内外各种社会组织（政府、企业和其他社会组织）和社区内居民的联系的纽带，成为社区成员内部沟通和外部联系的沟通平台。社会组织的参与性使社区居民的利益整合进社会组织的运作中，对内发展社区的公共利益，对外形成社区利益的代表，通过各种正式的或非正式的社会网络，制度化或非制度化的沟通渠道进行社区居民需求和利益的表达，获取社区外社会的关注。例如，近年来，各个城市地方政府在购买公共服务时，过程中一般有几个必经的程序：公开接受申请；审查评估申请方案；确定服务组织；签订协议明确双方权利义务；监督与评估服务成效，在这个规范化的流程中，网络信息平台起到了保证招投标工作透明公开公正进行的作用。不仅扩大了市民参与，而且在整个过程中，社会组织代表组织成员，代表社区利益，获取政府支持，维系并促进与政府的合作，与此同时确保合作过程中社会组织提供服务的独立自主性。

第二节　社区工作者队伍专业化

一、网络环境下社区工作者的角色与作用

（一）社区工作者的定义

社区工作者是社区社会工作者的简称，指受雇于政府机构或非营利社会福利机构，在社区中运用社区工作方法组织社区居民，运用社区资源解决社区问题，促进社区进步和发展的专业社会工作者。

广义的社区工作者既包括受雇于政府机构的人员，即社区党组织、社区居委会和社区服务站中专职从事社区管理和服务，并与街道签订服务协议的工作人员，也包括受雇于非营利组织，从而进行社区的管理与服务，并有固定的工资收入和补贴的工作人员，还包括不为任何物质报酬的情况下，能够主动承担社会责任而奉献个人的时间及精力的社区服务志愿者。

国内外对于社区社会工作者的界定略有差异，相同方面是在工作内容和目标下，都是为社区提供社会服务，满足社区成员的需要。不同方面在于：第一，在工作场所方面，在国外，社区社会工作者的工作场所主要是在社区，在国内可以扩大到街道；第二，在具体知识技能方面。在国外，取得社会工作师职业资格的工作人员才能独自承担工作内容，没有社会工作师职业资格的工作人员是不能独立承担工作的，而在国内目前没有强制性的规定。

（二）社区工作者在社区信息系统中的角色

社区工作者是社区社会政策的具体实践者，伴随着工作方法、服务对象和服务内容的多元化，社区工作者在社区信息系统中扮演着不同的角色，包括直接服务的角色、间接服务的角色和复合服务的角色，具体来说有如下几种。

（1）服务者。社区工作者就是通过提供自己的专业化服务，促进居民参与

解决自己的问题，改善生活水平，增强居民的社会参与意愿，强化居民对社区的归属感，营造居民之间和居民与机构之间相互关怀的和睦氛围，满足居民的需要。

（2）协调者。在面对社区存在的纷繁复杂问题时，单单依靠社区工作者自身是难以解决的，需要借助和整合政府相关部门、社区组织、社会等多个主体的力量，共同来解决社区存在的问题。

（3）教育者。社区工作者为社区提供各种培训，提升社区居民的风险防范意识，提高社区居民解决家庭问题和社区问题的能力，帮助社区居民掌握解决相关问题的技巧和方法，并吸引社区居民的积极分子参与社区管理，形成社区自主治理。

（4）政策影响者。社区工作者有责任将遇到的社区问题向社区管理者、政府相关部门进行反馈，或对现行的管理政策和措施提出建议，通过影响政策制度，为社区谋取福利，建立可信任的公众形象，从而为有需要的人提供帮助。

（三）社区信息化与社区工作者专业化的意义

1.是维护和谐社区的重要举措

社区工作是以助人为宗旨，遵循专业伦理规范，综合运用专业知识、技能和方法，帮助有需要的个人、家庭、群体、组织和社区，整合社会资源，协调社会关系，预防和解决社会问题，恢复和发展社会功能，促进社会和谐的职业活动。社区工作崇尚的价值准则与科学发展观的核心是契合的，其内涵和功能也是与科学发展观的要求相一致的。作为社工人才队伍的重要组成部分，社区专职工作者是党和政府联系人民群众的桥梁纽带，是现代社会的"安全阀""稳定器"，是构建和谐社会不可缺少的人才资源和宝贵财富。

2.是提升社区治理能力的核心要素

推进社区治理体系和治理能力现代化，人是决定性因素。我国社区工作者的来源多样、身份不同，素质也参差不齐，因此需要不断推动社区工作队伍的专业化建设，要加大对社区工作人员的教育培训力度，帮助他们转变过去的行政命令、包办代替、替民做主等传统工作方式，树立"居民社区、居民做主"的社区工作新理念，形成以居民需求为导向、以扩大参与为原则、以促进和谐为目的的社区工作新思路，淡化社区工作的行政色彩，强化居民自治，淡化社区干部的包办代替，强化分工协作，做到社区需求让居民表达，社区问题让居民谈论，社区事务让居民治理，开创社区工作的新局面

3. 是推动服务型政府的重要环节

随着我国由管理型政府向服务型政府的转变，公共服务职能的不断加强，仅仅依靠政府部门的行政工作已无法适应社会服务多样化的发展。同时，循着经济社会的不断发展，人民群众物质文化生活水平的不断提高，居民对社区服务的需求也随之进一步拓展。伴随着"小政府、大社会"格局的提出，从政府和企业转移出来的社会管理和服务的功能需要社区来承接，社区日渐成为社会建设、管理和服务的基础环节。社区专职工作者处在城乡改革、发展、稳定的第一线，充分发挥他们的作用，有助于宣传党和政府的方针政策、调解社会矛盾、实现个人与社会的和谐发展，因此，社区专职工作者的能力和素质直接影响着社区发展的质量和速度，加快社区专职工作者队伍建设，是转变政府职能、创新社会管理体制的迫切需要，关系到社会的和谐与稳定。在这一背景下，社区专职工作者队伍建设显得更为迫切。在我国社会转型时期，大量"单位人"被"社会人"所取代，"政府包办"的传统社会管理模式早已难以肩负起及时预防和应对多元化、复杂化的社会风险和社会矛盾的重任。社区社会工作者队伍建设的好坏，关系到社会管理体制能否有效执行。专业化的社区社会工作者队伍更是稳定我国执政之基的重要力量。

二、网络环境下社区工作者队伍存在的问题

（一）社区工作者队伍结构不合理

（1）从性别结构上来看。以武汉市洪山区 A 街道为例，在社区工作者队伍中女性人数占 75%，男性只占 25%。虽然在城市社区中活跃着大量的女性社会

工作者，她们沟通协调能力较好、工作认真、无私奉献、有情感优势和良好的从事社会工作的心理素质，能以自己独特的优势推动社区服务和社区工作的开展，是基层民主发展的重要推动力量。但是性别比例严重失调，这将影响到社区某些工作的开展，比如社会治安综合治理、某些社区纠纷的解决、流动人口的管理等。

社会治理对男性工作者的需求越来越大，主要是以下几个原因：第一，居民自治对社会工作的要求越来越高。大部分社会工作者认为工作中遇到的最大困难是居民的复杂性和过高的要求导致工作难做，我国城市社区居民结构非常复杂，不同群体共同生活于同一个社区，其需求自然存在差异，而且需求范围广、种类多，不仅包括物质方面的，也包括精神层面的。不同的需求解决方式也不一样，这就要求社会工作者根据他的社会地位、社会需求采用不同的工作方法和工作技巧，提供多样化、多层次化的服务。第二，社会工作职业化和规范化的要求。2006年7月，民政部、人事部首次从国家制度上将社会工作者纳入专业技术人员范畴，理论界也为社区工作建构了比较完备的理论架构。社会工作者以前那种仅凭着爱心、慈悲心和乐于助人的双手去解决诸问题的时代已经结束了，社区工作者必须通过系统的理论培训，学习专业知识，考取社区工作师的资格才能从事社区工作这个职业。第三，社区工作者存在一定的性格弱点。女性的性格一般是细腻、细致，这本是女性的一种优势，但女性社区工作者有时候不够果断、缺少魄力和主见，表现在许多具体事务的处理上，女性社区工作者要逊色于男性，如社区宏观管理和危机处理上。第四，女性生理因素的影响。女性在生理上的劣势也是制约女性社区工作者的重要因素。居委会的许多工作如铲冰扫雪、综合治理等需要消耗很大的体力，很多女性在社区工作中力不从心。

（2）从年龄结构上来看。在武汉市 A 街道社区工作者中在 0~30 岁之间的有 8 人，占总数的 5.5%；在 31~40 岁的有 25 人，占总数的 17.2%；41~50 岁的有 62 人，占总数的 42.8%；51 岁以上的有 50 人，占总数的 34.5%。由此可见，社区工作者的年龄结构不合理，40 岁以上的人员居多，超过总人数 2/3，没有实现老中青相结合的目标。

社区工作者的年龄偏大可能会给社区工作的开展带来一些不利影响，例如思想比较保守、工作方法缺乏创新、掌握社区工作的专业技能较慢等。年轻的社会工作者则是给社区管理和社区组织工作带来新鲜血液的最主要力量，也有助于活跃整个社区改革和社区建设现代化的进程。

（二）社区工作者职业化程度不高

1.社区工作者专业素质不高

社区服务需要社区工作者具有一定的社会学、社会工作、社区相关专业、管理学和心理学等相关的专业知识体系，或者经过国家社会工作者职业培训，但是这样的社区工作者所占比例很低。社区信息化要求社区工作人员除了具备专业职业能力之外，还具备信息沟通、信息采集、信息输入、信息反馈的各项能力。而具有这些相关能力的人员又必须与社区的实际情况相结合，既能有相关专业知识，又能在与民众的交流过程中接地气。

受体制等因素的制约，首先，一些社会工作人才无法进入社区从事社会工作。比如由于时社区社会工作的误解和轻视，许多社会工作专业的大学毕业生不愿到社区工作。一些新进入社区工作的大学生，往往因为待遇偏低、能力得不到有效发挥等原因而不能安心工作，社区工作者的流动性也较大。其次，在招聘社区工作者时，专业条件设置往往只能比较宽泛，部分取得社区专职社会工作者职业资格的人员往往没有社会工作专业的相关学科背景，也没有接受过系统的专业教育和正规的实习，对一些社会工作方法和技巧比较陌生，工作手段相对落后，难以提供个性化、多样化、系统化的服务。工作基本上处在粗放的经验主义的运作阶段，无法有效地应对层出不穷的新形势、新矛盾、新问题。最后，现阶段的社会工作专业教育培训机制尚存在缺陷，在职培训工作还跟不上社区建设发展的步伐。大多数社会工作者没有接受过系统的教育，学习能力上也跟不上社会发展和变革的步伐。虽然各级政府和相关部门会进行一些培训，但是大多是短暂的培训流程，也没有系统的知识讲授和体系架构，所以这并不能从根本上改变社区工作者的素质，达不到对社区工作的专业知识和技能的要求标准。

2. 社区工作者的职业化仍处于初步职业化阶段

社区工作者缺乏一套科学的从业标准、有效的激励机制和良好的社会认同度，这也影响了社区工作者职业化建设的进程。现阶段，职业化是社区工作者队伍建设的方向。2003 年 3 月 16 日，上海市人事局联合民政局印发了《上海市社会工作者职业资格认证暂行办法》，明确了上海市社会工作者的职业要求。但是在全国范围内，这种职业化的标准要求和考核还都没有实施开来。

从现在实际情况来看，社区仍然是一级"小政府"，社保、低保、计生、综合治理等工作最终都要落实到社区一线。这就要求现阶段的社区工作者要以专业水平协调和解决各方面的问题，做到社区服务与社区管理并然而，目前我国多数地区社区工作者来源渠道单一，大多数人对新型社区职能缺乏足够的认识和了解，也缺乏社区工作的专业知识和技能，仍沿用政府行政管理的手段从事社区工作，与实现自我服务、自我管理、自我教育的新型社区职能的要求存在很大的差距。部分社区的领头人由于视野不宽、思路不畅、工作方法陈旧、缺乏创新意识，新形势下和谐社区建设的要求。

即使是相关专业毕业的大学生，也无法满足复杂的社区事务管理的需要。系统的知识教育和相关的技能培训，也需要重复解决现存的问题，甚至部分社区工作者缺乏电脑和网络操作等技能，信息的传递、解决问题的渠道等都还是沿用传统方式，显示出工作手段的落后性。

三、我国社区工作者的招聘

（一）新环境对社区工作者的素质要求

关于社区工作的素质要求或者胜任力模型，不同的学者关注的侧重点有所不同，调研的对象有差异，得出的素质模型也略有差异，综合来看，社区工作者应该具备以下基本素质。

1. 社区工作者应具备政治意识与政治能力

社区是我国社会治理的基本单元，在社区服务和管理工作中要有大局意识，政治立场坚定，要增强政治敏锐性和政治鉴别力，坚决抵制各种错误思想影响，坚决同各种错误言行进行斗争。首先，社区工作者要有坚定的政治信仰，坚持正确的政治方向，坚持社会主义制度，坚持共产主义理想，始终保持清醒的头脑，联系实际，把党的基本理论、基本路线、基本方针全面地贯彻到社区工作中去，其次，应自觉地坚持党的群众路线。社区工作者只有自觉地坚持党的群众路线，了解群众的愿意和需求，才能更好地将社区工作深入开展下去。最后，要加强政治理论学习。社区工作者只有不断加强政治理论修养，才能有敏锐的政治观察力、准确的政治鉴别力，才能把握正确的政治方向，站稳正确的政治立场，阐明正确的政治观点，并力求熟练地运用这些理论去观察、分析、处理问题。

2. 社区工作者应有良好的职业道德

社区工作者在工作过程中要遵循几个社会规范。一是爱岗敬业。就是要求社区工作者具有强烈的事业心和高度的责任感，爱岗敬业是为人民服务精神的具体体现。二是诚实守信。社区工作者在具体工作过程中，应该诚心诚意地为人民服务，对于符合客观实际的主张都应该坚决支持。三是公道正派。社区工作者在处理各种事务时，不偏私，不歧视，公正地对待每一个服务对象。四是服务群众。包含着服务态度、服务环境、服务质量、服务效果等一系列具体要求。

3. 社区工作者应有良好的专业知识

社区工作者应具备社会工作方法和技巧处理以及社区工作的行政基础知识，涉及计划、组织、管理、评估和培训等知识模块。除此之外，还要对社区人员进行信息系统和媒体公关方面的专业培训，以期能实现社区信息分享、社区信息沟通的相应工作职能。

4. 社区工作者应具备社区信息系统综合处理能力

社区事务复杂多样，需要多种处理问题的能力，主要包括宣传能力、组织能力、协调能力、调节能力、公关能力、语言表达能力等。在社区建设中，社区工作者需要具备这些综合素质，才能够推动社区迈向现代化。

（二）社区工作者的准入

社区的工作者主要分为三类，一是社区建设的专职人员，是指以社区服务工作为主要职业的人员，即职业社区工作者，一般又分为专业和非专业两大类。专职人员大体分布在社区服务中心、社区敬老院、职介所、法律事务所、青少年活动中心等社区服务机构。二是社区服务的兼职人员，是指兼任社区事务的工作人员，他们大多来自社区管理、社区建设和社区工作相关的行政机关、企事业单位、社区团体和居委会。三是社区志愿者，又称义工，是一批自愿地向非亲非故的个人或机构提供经常性、直接无偿服务的人员。公益性、非营利性、经常性和服务对象的专门性等是志愿者及志愿活动的基本特征。

对社区专职工作者队伍的"人口"应进行严格把关，推行职业资质准入机制。对于已经持有社会和社区工作相关证书的新录用人员，可直接上岗；对于未持有相关证书的新录用人员和在岗人员，可以举行统一的专职社区工作者职业资格培训及考试，社区工作从业人员先经过岗前培训，接受社区工作相关教育，并通过相关考试后，获得合格证书方可上岗从业；对于在岗时间较长，年龄也较大，能力素质有限，很难获得职业资格认证的专职社区工作者，应鼓励他们参加教育和培训，在教育和培训方面做好记录，实现专职社区工作者队伍的平稳过渡。

（三）社区工作者的招聘

1. 制订有预先性的招聘计划

社区工作者的招聘也需要做好人力资源规划，要根据社区的发展目标和具体任务，对社区的人力资源需求进行预测，包括职位、人才水平和数量等多个因素。制订招聘计划时应该充分考虑到社区的内外环境的变化，内部环境变化是指社区发展战略调整、社区组织结构变化及内部员工流动等，外部环境变化则主要指劳动力市场、国家法律法规以及竞争对手等方面的变化。

2. 合理选择招聘渠道

选择通过何种招聘渠道和何种方式将招聘信息发布出去，将决定什么样的人群更容易了解到这些信息，进向直接影响候选人的数量和质量。应当在合理成本预算范围内，保证候选人的来源可以提供足够多的合格的应聘者。

社区工作者的招聘可以分为内部招聘和外部招聘，内部招聘包括单位内部的提拔晋升、工作轮换、工作调换等，社区工作者的招聘可以通过社区内部进行，平级岗位之间进行工作的调换，上下级之间进行工作的升迁，打通晋升渠道，增加社区工作者的流动性，一方面有利于培养社区综合管理人才，另一方面可以调动社区工作者的积极性。

社区工作者的招聘也可以通过外部招聘，外部招聘是从单位外部招聘新的工作人员，外部招聘可以为社区管理注入新的活力，增加社区工作者之间的竞争，挖掘社区工作人员的潜能，外部招聘面向的对象可以为具有专业社区管理知识的人才，大学生群体是值得重视的招聘对象，他们普遍具有一定的专业素养，能很快接受新的知识，可以成为社区管理的储备人才，进一步增强社区管理专业化能力。此外，还要扩大选人视野，积极尝试以公开选拔、竞争上岗等形式，从"两新"组织员工、复转军人、街道机关年轻干部等人群中，选聘一批文化素质高、组织协调能力强，有良好沟通能力和热心社区建设的人才，充实到社区工作者队伍。

3. 建立科学的甄选机制

社区工作者的甄选是指从应聘者中选出最合适组织岗位要求的人的过程，包括初步简历筛选、笔试、面试、情景模拟、心理测试、体检、个人资料核实等内容。甄选是招聘过程中最为关键的一步，也是技术性最强的一步，难度也最大，因此需要建立一个科学的甄选机制，以挑选出有相应技能、知识和经验，同时又愿意从事社区社会服务的人。

四、网络环境下对社区工作者的培训与开发

（一）加大互联网培训资金的投入

社区工作者队伍建设和人才的培养，需要资金和其他各方面要素的投入，这些投入的来源，一方面来自政府，政府在推进社区建设现代化进程中，需要大力

投入资金和其他要素，这些要素的投入可以为社区人才培养提供保障，政府需要出价社区工作者队伍建设和培训的优惠政策，如社区专职工作者接受继续教育学费减免政策等，支持专职社区工作者队伍的人才培养，同时政府也可以利用税收政策，给予社区培养一定的减免税优惠，降低人才培养的成本。投入来源的另一方面可以来自企业，社区在建设过程中，不应仅仅依靠政府，还需要与社会其他组织合作。企业是一个很好的选择，社区是一个人员聚集的地方，企业为了自己的利益，可以选择在社区展开活动，一方面能近距离接触顾客，另一方面能有效宣传企业品牌，从而增加企业利润，而社区选择与企业合作，也可以获得自身的利益，增加收入来源，进而为社区人才培养奠定基础。

（二）重视社区工作者的教育培养

重视社区工作者队伍建设，要把培养专职社区工作者专门人才作为人才建设的重要组成部分。利用网络教育资源，把网络作为培训社区专业服务人员的主要依托平台，以提升专职社区工作者队伍专业化和职业化为前提，不断提高专职社区工作者队伍的专业能力和素质，从而增强社区工作者队伍的可续性优势。

首先，国家要提高对专职社区工作者队伍建设的重视度，把专职社区工作者队伍培养纳入各地人才培养的统一规划中，纳入国家专业技术人才知识更新工程和国家高技能人才振兴工程中；其次，各大高校应该加强与社区工作者培养的相关专业的建立和完善，培养大批专业时口的社区工作者，健全社区教育培训网络平台，整合资源、加大投入，建立社区在线教育学院，建立健全经常性、制度化培训教育机制；最后，社区在进行人才管理的过程中，要不断对社区工作者进行培训，跟上时代的步伐，加强与其他社区的合作，互相学习、互相进步，推行社区工作者学习交流制度，通过轮岗、调岗等形式，加强社区工作者的岗位交流。通过政府、学校和社区多方合作，培养高素质的社区管理人才。

（三）建立健全社区工作者继续教育制度

培训是组织竞争的主要武器，培训能够调整组织中人与事之间的矛盾，是实现人事和谐的重要手段，同时培训能够使组织文化深入员工的心里，有利于建立优秀的组织文化。为此，应逐步建立健全专职社区工作者队伍专业培训和继续教育制度。

应该依托社区信息化平台，因地制宜地开发社区工作者和社区服务对象的培训系统。系统可以包括需求评估、明确目标、确立课程、实行培训以及结果评估等基本环节，培训需求评估是培训项目实施的基础和前提，对于确定培训项目是否能够弥补工作表现不足是至关重要的，在这一环节工作做得越充分，培训项目的成本也就越低。一旦确定了培训的需求，就要明确培训所要达到的目标和内容，进而组织和实施培训。专职社区工作者队伍要建立学习的氛围和培训的机制，坚持缺什么补什么的原则，在工作需要的基础上有针对性地进行培训。通过进修、短训等形式对专职社区工作者队伍普遍进行培训，并且累计应不少于一定时间。当然，针对社区社会组织中不同的人员构成，培训的内容也应有所区分。对于社区社会组织领导层人员来说，需要在组织决策和领导能力方面加强训练；工作人员则需在业务能力上加强专业培训，使工作技能得到补充和加强。

加强专职社区工作者在职学历教育，学历教育能够给予专职社区工作者系统性、逻辑性都较强的理论和实践的基础，使其厚积薄发，鼓励他们参加在职学历教育，这样可以提高他们的理论知识水平及转变看待问题的角度。高校要给予专职社区工作者在职学历教育方面的优惠政策，国家也可以适当给予补贴，使专职社区工作者能够积极接受在职学历教育，提高整体素质。

要全面实现专职社区工作者队伍专业培训和继续教育制度，有几个方面的问题要注意：（1）必须大规模开展专职社区工作者专门人才的培养教育，大力加强专职社区工作者人才培训和继续教育基地的建设。（2）要拓宽培训渠道，对专职社区工作者队伍中的管理人才、专业技术人才的培训工作可以依托党校、行政学院、社会主义学院以及高等院校等教育培训资源开展，对专职社区工作者队伍中的技能人才的职业技能培训可以依托职业院校和职业培训机构开展，还要选择一批基础较好的社区社会组织，以建立其覆盖各领域的社区社会组织人才实训基地。（3）还要从加强社区相关学科专业建设入手，一方面加大专职社区工作者培训和教育师资队伍建设，打造一支专兼职结合、理论和实务水平较高的师资队伍；另一方面研究和开发专职社区工作者技能培训和专业教育的课程和教材，逐步形成满足职业培训和专业教育需要的课程和教材体系。

五、网络环境下社区工作者的考核与激励

（一）建立健全社区工作者的在线考核机制

对于社区工作者的在线考核，可以达到社区的战略部署，对社区工作人员进行必要监督，可以防止工作懈怠，实现优胜劣汰，促进社区自身健康发展。要把社区工作者的考核评议工作模块集成在社区管理信息化平台中，制定、评价及改进社区工作者在工作岗位上的工作行为和工作成果的管理过程，考核内容应包括德、能、勤、绩、廉五个方面。在考核过程中，应比较注意的是定性方法的使用，社区工作者的绩效，如工作态度、服务质量及服务对象的满意程度等很难用具体的数值来衡量，因而要更多参考一些定性的指标，将定性方法与定量方法相结合来考察员工绩效，同时要注重员工的长远发展。考核结果应作为社区工作者续聘、解聘、奖惩、求是，惩处与责任相适应、教育与惩罚相结合的原则，视社区工作人员的过错视情节轻重追究其相应的责任，使他们保持敬业、爱业、专业的意识。

（二）通过网络资源共享拓展社区工作者职业发展空间

建立网络资源共享机制，以深化干部人事制度改革为契机，努力开辟社区工作者的成长通道，着力实现基层干部选拔任用体制新突破，保证了社区人才"引进—培养—使用"的连续性。让基层的社区工作者能够有发展空间，鼓励社区治理的各个参与主体在网络信息平台上分享资源和服务，通过网络整合各个社区治理参与方的力量，鼓励社区工作者在各个不同的部门之间的流动或晋升。比如说竞聘社区组织书记、选拔街道副职等多种政策措施。

（三）提升社区工作者的工资待工

在人力资源规划科学、岗位职责清楚、绩效评价合理的前提下，提升社区工作者的工资待遇，使社区工作者的收入与工作岗位、任职年限、工作实绩等挂钩，整体水平以不低于城镇职工人均收入为基准。探索建立社区工作者的工资收入增长机制，根据区域经济发展水平，定期调整社区工作者的工资等级，提高社区工作者的福利待遇。具体来说有多种措施手段：（1）落实工资福利待遇，对规定的社区工作者的工资福利及时充分地给予实现；（2）建立职称津贴和特殊荣誉津贴制度，取得社区工作师证书的社区工作者，有事业编制的人员应享受相应职级待遇。对在社区连续工作多年的社区工作者，给予一次性特殊津贴，并颁发荣誉证书等；（3）实行带薪休假制度。在法定节假日，社区工作者有权利按国家规定进行带薪休假。只有这样才能更好地吸引和鼓励更多的人加入社区工作者的行列中来。

第九章 社区治理智能化的"三大法宝"

第一节 社区治理智能化"法宝一"：物联网

所谓"物联网"是指"万物的互联网"，也就是基于传感技术的物物相连、人物相连和人人相连的信息实时共享网络。它能够将万事万物与网络连接，形成一个整体。这里的万事万物不仅包括我们通常所说的智能手机、平板电脑或智能汽车等偏应用端的设备，还包括更重要的各类传感器、探测器等数据采集和信息监控设备。它们与互联网相结合，形成了一张巨大的数据采集和传输网络，可以实现在任何时间、任何地点，人与人、人与计算机、计算机与智能设备以及其他智能设备之间的互联互通。物联网是传统互联网的一次大升级，它拓宽了互联网的应用领域，真正做到了物物相连、信息共享。

物联网的构想最早是由比尔·盖茨于 1995 年在《未来之路》一书中提出的："未来，人们可以佩戴一个电子饰针与房子相连，电子饰针会告诉房子你是谁你在哪，房子将用这些信息尽量满足你的需求。当你沿着大厅走路时，前面的光会渐渐变强，身后的光会渐渐消失，音乐也会随着你一起移动。"只不过受限于网络硬件及传感设备的发展，比尔·盖茨的这一构想在当时并没有引起太多人的重视。一直到 2005 年，在突尼斯举行的信息社会世界峰会上，国际电信联盟（ITU）发布了《ITU 互联网报告 2005：物联网》，才正式提出了"物联网"的概念。该报告指出，无所不在的"物联网"通信时代即将来临，世界上所有的物体，从轮胎到牙刷，从房屋到纸巾，都可以通过因特网主动进行交换。射频识别技术、传感器技术、纳米技术、智能嵌入技术将得到更加广泛的应用。十多年来，物联网技术从当初的纸上谈兵逐步转化为今天的一个个科技成果。与此同时，射频识别技术、传感技术等物联网技术也在不停升级，未来的增长空间不可限量。

物联网的基本特征可以概括为整体感知和可靠传输两大部分。所谓的整体感知，就是指可以利用射频识别、二维码、智能传感器等信息采集设备，感知物体和环境的变化，从而产生一定量的信息。而可靠传输则是指通过互联网或其他类型的网络，将信息及时、准确、安全地传递给接收方。因此，物联网建设主要包括两个方面的内容：一是各类传感、监控设备以及其他智能终端设备的建设。这些设备构成了物联网感知与处理外界信息的"神经元"。二是传输线路的铺设。传输线路也就是连接各类"神经元"使其进入中枢大脑的"神经网络"。这二者缺一不可，它们共同组成整个智能化系统的"神经网络"。

社区治理物联网的建设，目前主要体现为社区内的传感监控设备以及相关网络的建设，具体包括各种摄像头、传感器、门禁以及指纹识别、人脸识别、车牌识别等系统，还包括地磁、烟感、煤气泄漏报警器、独居老人体征状况监控器等。这些系统共同构成了保护社区居民生命、财产安全的基础设施。同时，提供公共产品和公共服务也需要一些信息采集设备，如社区智能终端、微信公众号、手持式执法仪等，它们也是构成整个社区物联网的重要设备，只不过与那些被动感知外界信息的传感器相比，它们更多的是依靠人工输入信息，在工作方式上要"主动"一些。在社区信息传输网建设的要求上，不论是有线网络还是无线网络都是一样的：一是要求有足够的带宽，可以满足大容量信息数据的传输需求，同时避免信号干扰，保证数据的质量；二是要求有安全的环境，让隐私信息得到充分保护，涉密通信线路要在物理上与一般线路有所区隔，建立好关键信息节点的网络防火墙，防止因黑客入侵而造成数据被泄露或篡改。

在浦东新区社区治理智能化建设中，物联网建设占了较大比重。比如，城市运行综合管理中心的建设，如果没有遍布各个街道的摄像头、传感器的支持，城运中心就没有"千里眼""顺风耳"，不可能实时监控社区内的状况，也无法做到对城市综合管理执法进行统筹指挥。又比如小区停车位共享信息系统，如果没有停车场的地磁、车牌识别以及门禁系统的综合运用，没有智能 App 为车主导航，就无法突现空余车位资源的共享。未来，浦东新区的社区治理物联网建设重点仍然是提高物联网设备的覆盖率，要真正做到整个社区"无死角"的全覆盖，还有相当长的路要走。

第二节　社区治理智能化"法宝二"：大数据

　　大数据，顾名思义就是超大规模的数据集，指的是大量的、不断增长的数据资源，并且需要人们采用新的模式才能处理，由此使不同主体具备更强的决策能力、洞察发现力和流程优化能力。2011年5月，麦肯锡全球研究所发布研究报告《大数据：下一个创新、竞争和生产率的前沿》，将大数据定义为"一种规模大到在获取、存储、管理、分析方面大大超出了传统数据库软件工具能力范围的数据集合"。同时，该报告指出，大数据具有数据体量巨大、数据类型繁复、数据流转速度快和数据价值密度低四大特征。而被誉为"大数据商业应用第一人"的英国学者维克托·迈尔·舍恩伯格和肯尼思·库克耶则在《大数据时代：生活、工作与思维的大变革》一书中指出："大数据是人们在大规模数据的基础上可以做到的事情，而这些事情在小规模数据的基础上是无法完成的。"同时，他认为："大数据的核心就是预测，不是要教机器像人一样思考，而是要把数学计算运用到海量数据上，来预测事情发生的可能性。"

　　这就是说，大数据的首要特征就是数据体量巨大。至于数据要积累到多大的量才算"大"或"巨大"，则没有很明确的规定，只是有一个大致的定性指标，那就是无法在一定的时间范围内用常规数据库软件工具进行捕捉、管理和处理，需要用到新的应用程序。也就是说，"从本质上来说，它仍然是属于数据库或数据集合，不过是规模变得特别巨大而已"。新的应用程序跳脱出了人的常规思维，能够抓住数据背后隐藏的关联性，目前主要就是运用人工智能技术，按照一定的统计学方法来寻找其中的关系，并通过数据来证明这种关系。在这里，需要强调的是，具备大数据意识和大数据思维的重要性，社区干部和社工必须充分重视用数据说话、运用数据分析问题的习惯的养成，因为这是在社区治理中用好大数据、最大限度地发挥大数据的作用和优势的必备主观条件。大数据思维可以给我们带来怎样的观念更新呢？舍恩伯格认为，大数据思维有三个要求，这就是"需要全部数据样本而不是抽样，关注效率而不是精确度，关注相关性而不是因果关系"。与此同时，大数据还有数据类型复杂、数据流转速度快和数据价值密度低的特征。就数据类型而言，一方面，大数据包括结构性数据、半结构性数据、非结构性数据；另一方面，除专门系统的数据、文字、表格、图片以及音视频资料等形式外，它还包括一系列只有机器才能解读的电子信号、密码、识别码等。数据流转速度快同时意味着数据处理速度快，这也是大数据区别于传统数据挖掘的显著特征。数据价值密度低是数据体量巨大的必然结果，因为价值密度高低与数据总量大小成反比，数据总量越大，无效冗余的数据就越多，所以，如何凭借强大的机器算法迅速完成数据的价值"提纯"就成了目前大数据应用亟待突破的一个瓶颈。

在获取与传输数据方面，大数据的要求较高，一方面要尽可能全面采集特定对象的各类数据，不能遗漏。所以，有经济学家认为，"除非你有所有的数据，否则大数据不一定是最好的。一个有充分代表性的样本通常比一个大数据集更好"。另一方面，数据的真实性与可靠性也要达到一定的标准，不能在数据采集过程中走样。所以，国内有学者主张，以数据真实性高取代数据价值密度低作为大数据的第四大特征，理由是"所有的数据都是由智能终端自动采集、记录下来的"，"数据采集、记录过程中没有了数据采集者的主观意图，这些数据就没有被主体污染"，"因此确保了其客观真实性，真实反映了事物及其状态、行为"。此外，大数据还需要有容量足够大、安全可靠的存储设备作为支撑，因为数据信息必须附着在一定的物质载体上才能够保存，否则一旦断电，很快就消失得无影无踪。所以，目前大数据应用的成本还是很高的。

具体到社区治理智能化，整个智能化平台产生的数据量也是大得惊人的。比如，社区安保系统每天 24 小时开机运行，其间不断产生的数据量就相当惊人。有人统计过，一套画质为 1080P、内含 16 个监控探头的高清视频监控系统，每个监控探头每秒钟产生约 4Mbps 的数据，一整天运行下来，整个系统会产生大约 66TB 的数据。如果规定监控数据需保存 15 天，需要存储的数据量就是

990TB。这对于一般的电脑硬盘来说已经是一个巨大数字了。而这还只不过是一个普通的监控系统所产生的数据量，如果加上社区内的各类地磁、烟感、门禁识别等设备以及人们在智能终端上主动输入的数据，那就更是浩如烟海了。

为了全面掌握社区内的大数据，我们在建设社区智能平台时需要配套建设该平台的社区大数据中心，它就好比人的"脑细胞"，用来储存各种各样的数据资源，以供日后分析使用。社区大数据中心需要根据智能平台的需要来确定数据收集的门类、标准以及存储单元的容量。因为建设大数据中心的目的就是为特定智能平台服务，如果离开平台的需求，就可能收集大量的无关数据，从而造成资源的极大浪费。而各平台大数据的收集标准也要尽可能统一，没有统一的标准，不同平台之间的数据共享就难以实现。当然，统一的标准还需要由国家标准委员会等专业机构主持制定。同时，存储容量大小事先也要有规划，因为这涉及大数据中心的建设成本。有的平台需要长时间保存大量的数据，可能对存储容量的要求是无上限的，但也有像视频监控系统这样的平台，它的数据存在明确的保存期。虽然整个监控系统产生的数据量十分庞大，但因为有数据保存期，存储单元可以重复使用，所以对存储容量的要求是有限的。这种系统只要预算达标就能满足其存储需求。当然，确定大数据中心的建设成本还需要讨论其他问题，如防火通风、防盗、防网络入侵等。这已涉及大数据中心建设的专业问题，在此不作赘述。在大数据中心的建设上，浦东新区投入了大量资源，也取得了显著成效，其间有一些做法颇值得参考借鉴。

第三节　社区治理智能化"法宝三"：人工智能技术

人工智能是运用电子计算机模拟、延伸和扩展人类智力活动的一门应用学科。它是计算机科学的一个分支，试图通过研究人类智能的本质，生产出一种能以与人类智能极其相似的方式处理外部信息并作出反应的新的智能机器。人工智能概念虽然在 20 世纪 50 年代就已经提出，但在这方面真正取得重大进展却是最近十多年的事情。人工智能与物联网、大数据的发展以及计算机运算能力的大幅提高密切相关。有专家认为："从人类历史和知识发展的角度出发，智能可以简要地概括为管理、控制和减少不确定性的能力。智能有两大基石——计算和数据。只有通过广义的计算，智能才能实现推理信息、提炼知识。只有凭借数据，智能才能观察获取信息，存储知识。二者相辅相成，缺一不可。"而美国未来学家、《失控》一书的作者凯文·凯利则指出，如果脱离了人工智能，大数据带给我们的将不是机遇，而是挑战。没有人工智能的大数据是没有用的。目前，人工智能技术除了包括机器视觉、指纹识别、人脸识别、视网膜识别等一系列感知、识别技术外，还包括自动规划、智能搜索、定理证明、博弈、自动程序设计等高级智能化技术，甚至通过不断迭代的方式实现机器的自我学习和自我进化，进而实现人类生产生活的高度自动化。

人工智能技术的意义一部分在于通过研究机器智能来探索人的智能的本质，而更重要的意义则在于解放和发展社会生产力。尤其是与物联网、大数据相结合，对其中产生的海量数据进行处理，帮助人类找到数据背后所隐藏的规律。目前物联网产生的大数据早已超越人类所能直接处理的范围，人们必须借助人工智能技术在统计、筛选上的优势，让数据实现自动筛选、自动分析，自动过滤出一个有一定价值的初步分析结果。这就使得人们有条件从枯燥繁杂的数据整理工作中解脱出来，从事更多有价值的活动。此外，通过人工智能技术，一些设备还可以在电子信号的驱动下按程序自动工作，这也会逐渐替代人的简单重复劳动。

在社区治理领域中，物联网和大数据系统产生并存储了海量的原始数据，必须经过人工智能的处理，才能减轻社区治理的工作压力，找到关键数据并形成解决方案。如社区治安视频监控系统，如果没有人脸识别功能，案件发生后就得依靠办案人员手工查找嫌疑人的线索，在海量的视频素材中寻找区区几分钟的信息，犹如大海捞针。而人脸识别技术的应用则可以大大提升警方办案的效率，在视频监控的范围之内，只要嫌疑人一出现，其五官特征就会与警方的数据库相匹配。一旦发现长相相符，就可以立刻向附近警员发出信号。又比如城市管网系统的维护。过去，各类管网系统在城区地下纵横交错，要发现某一处具体问题，就不得不费时费力地沿线排查。如今可以通过在管网系统中设置传感器，形成监控数据，并用人工智能技术生成城市管网信息的数据地图，维修人员就能直观地找到问题发生的地点，从而迅速解决问题。关于社区治理中人工智能技术的应用，浦东新区也有一些颇具特色的经验，主要体现在基于"城市大脑"构建"1+36+1316"城市运行综合管理体系以及基于人工智能与物联网、大数据的深度融合探索社区执法标准化治理模式方面。

社区治理智能化所形成的智能平台虽然各不相同，但万变不离其宗，无非是对以物联网、大数据和人工智能为代表的新一代信息技术的综合运用，只不过在搭建不同的平台时各种技术占据的地位、发挥的作用有所不同而已。

社区治理智能化是一个有机的整体，它包括社区基层党建智能化，社区公共管理、公共服务、公共安全智能化、社区自治、共治智能化、社区宣传工作智能化等内容，这些具体领域的智能化又包括社区养老、医疗、文化、

教育、交通、停车等更加具体的工作如何实现智能化的问题。逐一解决这些问题，就能从整体上实现社区治理智能化的建设目标。

第十章 社区公共管理智能化 与"城市大脑"

公共管理、公共服务与公共安全"三公"事务是社区事务的主体部分，也是社区治理工作的基本内容。党的十八届三中全会在首次提出"社会治理"命题，强调创新社会治理体制、提高社会治理水平、改进社会治理方式的同时，还在对全面深化改革作出系统部署时明确提出了政府转型的要求，一方面是"加快完善现代市场体系，加快转变政府职能"；另一方面是"切实转变政府职能．深化行政体制改革，创新行政管理方式．增强政府公信力和执行力，建设法治政府和服务型政府"。有学者认为，政府转型的基本方向就是从公共行政迈向公共管理，在这个过程中，与变革时代社会生态（环境）的高度复杂性和高度不确定性相适应，政府类型实现了由工业社会治理模式中的管理型政府向后工业社会治理模式中的服务型政府的转变。与此同时，"作为一种新的社会治理模式，公共管理实现了对公共行政的扬弃，将公共行政整合到了自己的体系之中"。如前所述，"公共管理是指以政府行政机关为核心的国家机关和以公益性为导向的社会组织，为实现与提升公共利益，以协同治理的方式为社会有效提供公共产品和服务的活动"。也就是说，公共管理的对象实际上就是在社会治理领域俗称"三公"事务的社会公共事务，既包括作为公共管理组成部分的公共服务（含公共资源和公共产品），也包括作为公共服务组成部分的公共安全（含公共秩序）。有不少学者认为，"将公共产品和公共服务并列使用是一种理论上和逻辑上的错误"。而在实际使用中，"当谈到公共产品时，其中是包含了公共服务的；而谈到公共服务时，其中也是包含了公共产品的"。由于社会治理或社区治理与公共管理一样存在公共资源分配、公共产品提供、公共事务处理、公共安全保障和公共秩序维护等诸多问题，因此,公共管理就顺理成章地成了社会治理或社区治理工作的一个重要组成部分。在智能化技术的全面支撑下,不但政务服务可以做到"一网通办"、城市运行可以实现"一网统管",社区公共管理也可以明显降低管理成本、大幅提高管理效率。

第一节　公共管理与社区公共管理智能化

公共管理有两种不同学科的定义，一种是管理学定义，指的是对一个组织机构公共部门的管理；另一种是在社会治理领域中的定义，也就是与"社会治理"相对应的"社会管理"。本书所说的公共管理就是指"社会管理"概念。社会管理指的"是为了维护和达成社会秩序，对公民社会领域的社会组织、社会事务和社会活动进行规范和协调等的管理过程，是对政府领域的行政管理和市场领域的工商管理'不管'和'管不到'的公民社会领域的管理"。只是与"社会治理"相比较，"社会管理"更强调一方主体对客体的管理和控制，更强调政府对社会单方面自上而下的管控，更强调政府对社会公共事务的管理而已，同时以政府权力所及为边界，更着重于"对社会突发事件和社会矛盾与问题的管控"。在党的十八届三中全会提出"社会治理"命题之前的"社会管理"阶段，"社会管理"是作为"社会建设"的两大部分之一存在的，而另一大部分则是作为"社会管理"基础的"民生"。社会管理职能的主要行使者是各级政府机关。所以，"社会管理"实际上也可以说是政府部门的公共管理，在政府部门的职责体系中是一个与行政管理或"公共行政"相对应的概念，是对行政管理或"公共行政"的延伸、补充和调整、完善。

关于"公共行政"与公共管理的联系与区别，有学者指出，"我国的公共管理形式是直接通过在公共行政形式中转变而形成的，公共管理还没有出现时，政府一直以公共行政为基本社会治理形式"。这一点我们从党的十九届四中全会关于"构建职责明确、依法行政的政府治理体系"的部署和要求中分别提及"行政管理和服务""社会管理""公共服务"也可以看出来。在"社会管理"中，被管理的对象既包括各类自然资源、公共设施，也包括企业事业单位、机关团体以及居民个人，旨在维持他们正常的生产生活秩序。社会管理依据的是各种法律与行政法规，管理要遵守一定的程序和规范，管理结果对于管理对象而言要尽可能地体现公平与正义，这些都是社会管理或政府部门公共管理的特点。需要指出的是，公共管理中维持正常生产生活秩序的这部分职能与公共安全的部分职能相重叠。如维持交通秩序，既是出于公共管理的需要，也是保障公共安全的需要。但是，"失序"也就是秩序的丧失，并不完全等于"不安全"，就像菜市场管理"失序"，主要是指管理"失序"带来的混乱问题而非安全问题。因此，本章探讨维护公共秩序这部分话题主要针对的是不涉及公共安全的秩序管理问题，至于涉及公共安全的秩序管理，将在后续的公共安全专题章节中集中探讨。

具体到社区层面，社区公共管理所涉及的具体工作可谓包罗万象、纷繁复杂。比如，包括市场监管、环保市容、公共卫生、交通指挥、违建拆除等"城市综合管理"工作，涵盖气象、水文、土地、矿藏等自然资源的勘探、记录和开发以及路灯、围栏、长椅、道路、管网等公用设施的修建和维护，同时还涉及辖区内各类企业市场行为的监管，劳资双方关系的协调，个人出生、户籍、兵役、婚姻、纳税等情况的登记和管理。因此，通过列举法来阐述社区公共管理智能化是不现实的。好在智能化在社区公共管理所涉及工作中所起的作用基本一致。社区公共管理智能化主要体现在三个方面，即数据收集和监控的智能化、数据整理与分析的智能化、决策形成与指挥调度的智能化。

第二节　数据收集与监控智能化

如今，物联网和大数据在社区治理中的广泛应用，已使得公共管理所需的所有决策数据几乎都可以通过社区物联网系统加以收集，一定程度上改变了以往主要依靠人工调查收集数据，再经由统计部门逐级汇总、层层上报数据的局面。数据采集的自动化程度大幅增强，可供收集的数据种类明显增多，所收集的数据质量也明显提升，大幅降低了引发决策失误的风险。除了数据收集能力得以提高外，对社区内重点地区的监控能力也得到增强，尤其是实时监控能力，这对于及时发现社区问题并及时处置意义重大。

比如，浦东城运中心通过遍布社区各个街道大大小小数千个监控摄像头，实时监控浦东城区的运行状况，一旦发生问题，不管是交通问题、治安问题，还是占道经营、违章搭建，或者是乱排乱倒行为，可能在第一时间就被视频监控系统捕捉到，留下视频证据。而城运中心也能在第一时间指挥基层执法部门组成联合执法小组，前往事发地执法和恢复秩序。

第三节　数据整理与分析智能化

　　大数据技术应用于公共管理各个领域的好处在于能够24小时不间断地收集、储存大量数据，为公共管理人员提供决策依据。然而，对于决策者来说，面对浩如烟海的数据根本无从下手，必须经过整理和筛选之后才能发现问题和规律。

　　统计学是现代科学的一门基础学科，也是一门带有方法论性质的工具性学科。它的最大价值就在于通过探索各种变量之间尤其是自变量与因变量之间的逻辑关系，发现事物之间的内在联系。许多科学结论、政策评价都依赖因果分析而不是相关分析，而统计学则可以通过提供数据收集以及分析方案，帮助我们证明那些我们所需要的真正的因果关系（而不是简单的相关关系）。统计学的基本技术，如抽样调查、线性回归、显著性检验等，都是可以通过计算机来自动运行的。因此，将统计功能纳入大数据分析系统，可以对数据进行自动分析，提升数据的可读性。而更高层次的数据分析和运用则需要用到人工智能技术，比如人脸识别技术，能够将监控范围内所有个人的身份信息识别出来，这不仅在维持社区治安方面可以发挥"天眼"般的关键作用，还能够识别社区内所有成员的生活轨迹，摸清其行动规律，从而针对性地为社区成员提供一些特色的公共服务，或者发现一些潜在的社会风险问题，并就此事先预警和防范。正如彭特兰所指出的那样，大数据已经通过人与人之间的海量交换网络为我们提供了洞悉社会和人类各种复杂性行为的机会，如果我们还"拥有能够洞察一切的'上帝之眼'"，"实现对人类生活模式更精确的可视化"，那么我们就"有望采取更适合复杂、互联的人类和科技网络的方式来理解和管理当代社会"，"极有可能真正理解社会是如何运作的，从而采取措施来解决人类面临的问题"。

　　这些关于社区成员生活和行为的无比丰富的连续数据，在保障个人安全和隐私的前提下，可以适度向市场开放，从而孕育出新的产业，创造更多的工作机会。

比如，浦东新区一些街镇社区的"智能菜场"，就是通过把握社区成员工作和生活规律，推出符合他们需要的特色服务，让他们在任何时间段都能买到安全、新鲜的蔬菜。像这样有特色的公共服务自然应当得到鼓励，只是针对广大公众的数据采集与分析运用一定要十分注意保护公众隐私，对于那些有违公德、不该采集的数据坚决不能采集，同时运用数据必须以真正为广大社区群众服务为目的，必须重视群众的诉求和感受。新数据采集和运用必须先通过小范围的试点，确认对大众无害之后再逐步推广，做到社会利益的最大化和社会风险的最小化。

第四节　决策形成与指挥调度智能化

在社区公共管理智能化发展过程中，无论收集整理了多少数据，最终一定会落实到一个个具体决策上，而社区公共管理决策也可以智能化。所谓决策智能化，就是通过综合运用数据科学定量分析方法和社会科学、管理科学中的定性分析方法，实现将数据信息转化为更好的行动的目标，从而达到提高决策能力和效率的目的，不论数据信息规模的大小，都一样能够处理。关于智能化技术在决策过程中的应用，最具代表性的就是基于数据仓库、联机分析处理和数据挖掘等关键技术开发的新一代决策支持系统。该系统是一个由数据库、模型库、方法库、知识库等多种功能集合而成，以支持整个决策过程为目标的集成系统，与电子政务平台结合使用，可以让每一个公务员都有能力独自进行数据分析，这就真正起到了为政府提供决策支持的作用。社区公共管理决策的智能化主要有两部分内容：一是决策程序的智能化；二是决策内容的智能化。决策程序的智能化包括以具体问题为导向形成决策团队，然后按照决策应有的程序进行网上议事、网上表决。像本书其他章节提到的人才资源数据库也能够用在社区公共管理中，为决策团队的建立提供帮助。而决策内容的智能化则首先体现为，智能平台可以将过去社区解决类似问题的案例收录其中，形成标准化模板，决策者可根据现实问题的需要直接修改模板，而不必从头起草方案，这就大大提高了社区公共管理决策制定的效率。

社区公共管理除了决策能够实现智能化之外，指挥调度也可以实现智能化，也就是对社区管理中的人流、物流和资金流进行高速、流畅、有效的指挥调度。比如，在本书其他章节中提到的浦东"城市大脑"智能化平台，就充分实现了对整个浦东新区城市管理资源的统筹指挥和调度，真正做到了城市运行"一网统管"。

通过联勤联动中心牵头组织公安、城管、市场监管及其他管理部门在全区开展综合执法，有效治理了诸如违章搭建、占道经营、乱排乱放之类的问题，大大提高了城市管理工作的效率。

第十一章 社区治理能力的评估及评估框架构建

对社区治理能力的理论阐释是本书的研究起点，包括对核心概念内涵、外延、特征、结构的具体分析。本章将对社区治理能力评估的理论基础，尤其是治理理论中相关理论的抉择进行阐释，力求为后期社区治理评估框架的构建提供思路和铺垫。

第一节 社区治理能力评估的相关概念辨析

查阅文献的过程，让笔者对社区治理能力的评估现状有了全面了解，同时我们也看到，精确匹配的社区治理能力评估相对较少。本节中我们将社区治理能力评估概念与政府能力、治理能力、治理评估、社区能力等概念进行比较，说明这些概念的异同，并试图从相关概念中寻求评估的框架、维度、要素和指标，以启迪社区治理能力评估的思路。

一、治理能力与政府能力

政府能力是治理能力评估绕不开的话题。从社会结构理论角度，政府能力是治理能力的重要组成部分，在各个治理主体中，政府作为公共物品的提供者、提供机制的设定者、治理秩序的维护者，其地位毋庸置疑。政府能力评估的思路、方法，为社区治理能力的评估带来灵感。至少在中国，离开政府谈论治理是行不通的。

将政府能力等同于治理能力同样不可取。首先，从社会结构角度，政府只是治理众多主体中的一员，政府能力可能占很大部分的权重，但将部分等同于整体的做法有待商榷。更何况，治理能力的含义不仅仅是各治理主体能力的集合，更包含主体之间相互联系、共治共建之意。政府和其他主体的协调、合作才是治理能力的关键所在。

其次，政府能力和治理能力之间存在方向和价值理念的差异。政府能力评估，评估对象是明确的，也是以政府为中心的，因此政策目标和责任目标也是明确的，如完成上级授权的特定项目、提供公共服务保证社区安全稳定等，治理能力评估则不尽然。比如，从资源角度评估政府能力，需要考察两方面：一是政府通过强制性手段向社会汲取资源的能力；二是政府以公共资源为保证，向社会和公众提供公共产品的能力。然而，这是从政府和社会对立的视角展开研究的：从社会汲取的资源多了，社会拥有的资源就少了。治理能力的评估则强调主体之间的制度性联系，而非政府的强度或"嵌入性"；更注重以社会动员来考量社区治理能力，关注对社区居民价值观、社区感等方面的刺激和改变，从而产生持续性的参与行为；强调对社区内部结构进行改造，建立社区治理主体间的信息传递与合作机制，动员和整合社区内外资源。

再次，因为治理时代环境的复杂性、公共需求的多样性，导致政府能力和治理能力中的关键能力也将有所差异。对政府能力来说，资源汲取与配置能力、执行力、危机管理能力是传统的关键能力；而在治理背景下，第一，治理涉及了多种组织（与公民），共属一个网络的组织又有各自的目标，有必要对差异的、多样化且变动的目标做出识别与整合，目标识别与整合能力因此成为治理的首要关键能力。第二，由于网络意味着拥有分散资源的不同主体的合作，其中既包括等级制关系，也包含了非等级制关系，资源整合相对于资源配置处于更为中心的位置。第三，为了实现资源整合，维护治理的正常运作，在科层之外的沟通、讨价还价等沟通协调能力变得异常重要。第四，当我们从等级制组织的形式转为更具流动性和更为复杂的关系时，责任的问题更重要了。由此对于合作治理的责任控制能力就成为治理能力的关键要素之一。

最后，政府能力和治理能力之间相互联系。强势的政府并不一定意味着有效的治理，但治理能力较高的社区是需要高效的、负责任的政府做后盾的，因而我们可以合理地假设，两者之间存在相关关系。

二、治理评估与治理能力评估

二者评估对象不同。前者以治理体系为评估内容，治理体系通常被理解为制度体系，包括经济、政治、文化、社会、生态、党建等各领域的体制、机制和制度安排，它可以从价值理性、治理要素、目标管理等角度推开，更多地属于事后评估，体现绩效管理"结果导向"的设计思路。治理评估是横向可比的，因此有多个国际组织对各国的治理现状进行评估，以其推动和引导民主治理的改革方向、路径。通过比较各国、各区在治理结构和治理体制方面的异同，吸取优秀经验、移植先进制度，方可向深化改革、自我完善的善治方向靠近。

治理体系可以移植，但制度体系与现实环境之间的张力却在提醒我们，制度架构与制度本身蕴含的强大而充分的治理能力可能相去甚远。治理能力除去制度结构、制度体系之外，还包括更精细的治理技术、以及权变的聚焦。这决定了治理能力评估相对而言更复杂、更微观。从文献查阅情况看，治理能力的评估维度较治理评估要丰富得多：主体、资源、环境、要素、价值、工具等，主要原因在于，治理能力评估是过程导向的，需要考虑谁来治理、如何治理的问题，而治理评估以结果为宗旨，造成这些结果的具体原因、主体问题属于后期质量改进、结果运用所应该追究的，并非治理评估所关心的内容。治理能力评估通过对资源、过程、环境的关注，不单单代表治理的影响因素，更能从这些要素中看出现状背后蕴含的能量。不仅如此，在治理能力话语体系中，治理结果、治理现状的研究同样重要。只有健全完善的治理体系才能够带来强大稳定的治理能力。因此，治理能力评估和治理评估有包含关系，前者更为全面系统。

三、社区评估、社区能力评估与社区治理能力评估

社区指标运动发展以来，社区评估受到越来越多的关注。其中，社区评估涉及人口、环境、教育、保障、文化、卫生、安全、参与等诸多内容。也许是评估内容较为宽泛，一些学者尝试从不同角度评估社区的发展，较为常见的有和谐社区、可持续发展社区、安全社区、生态社区等。

社区评估是全方位的、结果导向的绩效评估，与社区能力评估存在一定的差别。鉴于社区的概念从"出生"以来就蕴含着共同体、参与、共有共享的韵味，社区能力通常被认为整合各方力量、推动社区发展的过程。和谐社区、平安社区、生态社区等绩效目标，通常通过社区能力方能达成。相比目标导向的社区评估，社区能力评估更强调行动、结构和过程。

社区治理能力评估是一个中国化的概念。国外通常的提法是社区能力概念，属于社会学的研究范畴，评估多采用调查问卷的方式进行。西方发达的公民社会、发展相对完善的非营利组织，使得多中心、多主体的治理成为可能，政府只是众多主体的一员，如果用社区治理能力，反而会将问题复杂化：治理主体是谁？怎样将各主体能力评估有机结合起来？结合中国的实际情况，如果直接用西方社区能力评估的量表来测量中国的社区治理能力，单单强调参与、互动，有失偏颇。比方说，PINAH项目对社区能力评估的量表包含社会救助一项，它是这样定义"社会救助"这个概念的：社会救助就是社区成员、邻里之间相互了解、相互关心、守望相助的程度。为此，在该维度下，评估者设置了三个问题：您多长时间借东西、借钱给社区其他成员以帮助彼此？您多长时间倾听社区其他成员的倾诉？您多长时间给其他成员信息或建议？这是完全西化的评估方式。中国的社会救助是依托于制度、居委会、街道办等平台做出的。如果不加修改地照搬进我国社区能力评估，可能无法准确、全面地反映社区的实际情况。在社区能力评估中加上"治理"二字，正是对政府力量的关注。也只有当治理上升为能力层面，社区治理才

能进入秩序化的轨道，社区能力的提升才是稳定和可持续的，也正因如此，社区治理能力的研究得以进入行政管理学学者们的研究视野。从治理的角度看待社区能力的提升，将政府绩效评估的方法、手段、途径和理念应用到社区研究中来，是社区治理能力评估的题中之义。

第二节　理解社区治理能力评估

一、结构性与过程性：社区治理能力的特征

（一）社区的结构性与过程性解析

"社区"一词来源于拉丁语，属于社会学范畴，是区域性社会或社会区域共同体的简称。社区需具备五个要素：一个稳定的自然环境和生活居住地域；以一定社会关系为基础组织起来的、进行共同生活的人群；相对稳定的生活环境和生活设施；具有区域化的文化积淀；地域性的生活共同体，区域内的居民和各种组织有情感沟通和心理认同。我们可以从两个角度理解社区，一是从地缘角度，将社区看成一个稳定的区域。从这一角度，社区只是人们活动的空间范围，治理能力才是主题，因而该思路的重点在于如何在社区内提升治理能力，而非以社区为对象进行治理能力建设。社区能力既可以属于个人，也可以属于政府机构、社会组织或其他的社区单位。社区只是治理主体能力发挥的平台和载体。另一种是从心理学角度，将社区看作是共同体。这一观点虽然也关注社区能力的提升，但它认为社区治理能力提升的原因多种多样，真正重点在于社区自身的改变。

比较两种观点发现，第一种观点强调的是效果评价，第二种观点侧重结构分析。侧重结构改造、制度建构基础上的社区治理能力提升，较第一种方法更为持久。因此，社区治理能力评估的过程中，首先要将社区作为一个整体进行分析，考察社区的结构特质、治理主体，而后分析社区主体与外部环境的关系，考察社区主体之间的互动关系，起到社区"增能"的效果。

对社区不仅可以从结构主义的角度进行理解，而且可以将社区看做依托项目，提供公共物品和服务的过程。这一过程包括编制规划、筹集资源、配置资源、执行目标、完成计划等环节。一个项目的终结，是下一个项目的开始。在项目的循

环运行中，通过对前一个项目的总结、学习和评估，社区将通过保存和积累适应环境变化的优秀部分，去除不利于社区发展和不适应环境的部分，在与周围环境互动、以及内部主体互动的过程中实现功能的复制和选择、信息的收集和积累、以及内部体制机制的优化和完善。简言之，社区的建设，可以看做依托项目的自我完善、自我发展的过程。

（二）能力的结构性与过程性解析

能力概念原本属于心理学的范畴，能力归根到底是属于人的。只有个人才拥有能力，能力也是在人的活动中形成和表现出来的。一定数量的人因为某种目的和动力的驱使，形成社区内的群体、组织，即为治理主体。一些主体以组织的形式存在，如居委会，社会组织；一些主体则相对较为松散，如社区内的公民。这些主体在社区共同体内按照一定的方式相互联系，从这个意义上，社区能力是一个虚拟的概念。我们可以把社区视为社区主体的稳定布局，社区能力可以定义为主体能力的总和。对社区内主体能力的诠释，是理解社区能力的基础。

整体由部分组成，但并不是部分的简单相加。同样的，社区能力与主体能力之间的关系，存在着权变的、相对的成分。主体之间如果相互竞争、拒绝合作，就可能在博弈和斗争中虚耗彼此能量，影响总体能力的提升；相反，如果主体能够取得关于目标或者工作内容等方面的共识、在面临困难的时候能积极联合、在具体项目中能有效合作，这种协同关系就有可能引起社区能力几倍甚至几何级别的增长。从这个意义上讲，能力不是纯粹的主体性概念，而是反映主客体互动关系的结构—过程概念。

（三）治理的结构性与过程性解析

在治理的背景下，"治理"一词从一开始就作为"统治"的对立面而存在。统治的主体是政府，而治理中，政府只是众多主体之一。治理强调将政府、市场和社会力量的集结、协同，由社会的自治性组织和公民的自主参与，实现"善治"和"治道"的结果。治理中的主体具体包含哪些？主体之间的关系是怎样？三大主体之间，有没有具体的标准，来划分彼此的边界？怎样促成主体之间的合作和协同？对这些问题的解答和探索中，治理理论得到了不同程度的发展和应用。因此，治理首先是一个结构层面的概念。

作为对"统治""管理"理念的拒斥，治理还意味着对管理过程的颠覆。在统治中，运行机制是自上而下执行命令式的，这种单向度的权力运行方式，体现在资源分配、规划制定、管理决策、政策执行、结果评估及政策终结等各个环节；而治理则主张一种主动的、双向的、将自下而上和自上而下结合起来的运行模式，主要通过合作、协商、伙伴关系、确立认同与共同的目标等方式实施公共事务管理。

简言之，治理既关注在一个限定领域内主体的构成及主体之间的互动关系，又暗含权威的规范基础、处理政治事务的方式和对公共资源的管理过程。

（四）社区治理能力的结构性与过程性解析

社区治理强调当面临有利和不利环境时，整体地域社区的应对能力。谈及社区治理的问题，确实，资源充足更有利于开展工作，也会带来社区功能的提升与改变，但是资源达到多少算是充足呢？况且这些改变更多的是资源投入的增加所导致，并不必然带来社区内在功能的变化与能力的提升。一旦外部资源供给被切断，社区治理能力又会恢复到以前的状态。

导致社区资源供给不足的原因有很多种，财政资源供给不足当然是其中之一，然而在市场经济发展的今天，更关键的因素则是社区的结构特征和组织特质没有相应的调整和改善，无法最大限度地从内部、外部环境中获取资源，进而导致社区治理能力的不足。因此，本书对社区治理能力的评估，将从结构主义出发，在结构主义视角上的社区治理能力，更加立足于一种以"居所管理"为核心的整体能力建设，重在构建和培养一种能够实现社区可持续发展的治理结构，关注民生启发民智，注重整体潜在结构的提升。

将社区治理能力视作结构的观点，与过程论并不冲突。本书重在主张社区治理能力通过多元主体（居民、社会组织、地方政府等）的互动而构建。与更多强调居民及组织的赋权理论不同，社区治理能力将地方管理者如何在社区治理的过程中扮演正确的角色也视为"赋权"。较之传统的赋权，社区治理能力注重把公共服务供给自下而上和自上而下两种方式相结合。因此，社区治理能力最终体现的是一种居民、社会组织和政府交互产出的能力。通过一种交互作用的方式，居民、社会组织和地方管理者实现了各自能力的成长和角色定位。

社区治理能力建设不仅仅是某种资源的获得，更重在其过程性。当通过多主体能力的交互增长，并形成一定组织性平台时，社区公共服务和公共物品的可持续供给方能得到保障。

二、理解社区治理能力评估：价值、层次与内容

（一）治理：评估的价值意蕴

社区治理能力评估，可以从评估的价值、评估的层次和评估的结构方面做进一步的理解。从评估的价值角度，社区治理能力评估的选题，用"治理"的意蕴，规定了指标设计的价值取向。国外针对社区评估，主要关注社区能力评估。这样的评估以西方社区的发展现状为蓝本，体现了西方社区的评估理念、评估方式和价值观，而各国的实际情况可能有天壤之别，将西方的评估标准和指标直接用在中国，会存在一定程度的困难和不适应性。从单个指标看，比如，在西方社区评估的"文化"维度，会涉及"宗教活动次数""社区内教堂、博物馆数量"等，如果要将这些指标引入评估体系，至少需要适当修正。从指标的价值角度说，"治理"二字，规定了中国社区能力指标设计的价值取向。指标设计，意在启示公众、引导公众的关注点。具体说，同样是社区经济的发展，如果想让人们关注可持续发展，就应该加大污染物排放、垃圾利用等指标的数量和权重；如果想达到和谐共融、共驻共建的目标，就应该关注经济发展的公平性，考察基尼系数、社区收入差距等内容。所以，同样的目标，因为价值取向不同，指标的内容、表现形式也会有一定的差别。如果说"社区"二字限定了评估范围、评估对象，那么"治理"则是从意识形态的角度，规定了评估的重点。与西方社区相比，我国社区体现出行政力量主导的治理特征，这种特征与历史的演进、政治体制、社会现实等

诸多因素有关，有一定的合理性和优越性；同时，也会存在一定程度的弊端。比如，居委会疲于应付上级指令和检查，行政色彩过浓、自治能力不强；居民的力量相对弱小，单位制的解体进一步削弱了居民之间仅存的社会资本，导致社会力量难以汇聚；居民多样化的利益得不到声张，多元化的需求得不到回应，导致基层政府与居民之间的公信力减弱。所有这些问题，一定程度上归咎于中国化的社区治理体制和治理方式的弊端。在这其中，如果与西方的"多中心治理""协同治理"理念相结合，可以在一定程度上缓解居委会行政压力的基础上培育社区的社会力量，回应居民的多样化需求，甚至通过动员居民积极参与社区经济、政治、文化事务的方式，增进政府和居民之间的了解、理解和信任。因此，笔者着眼于治理能力，既有尊重行政力量在社区工作，特别是基本公共服务提供中"元治理"的地位和作用之意，又希望通过评估指标的设计，培养社区治理主体的多元化和协同合作，从而达到共建、共治、共荣和共享的治理目标。

（二）能力：评估的层次限定

从评估层次角度，社区治理能力评估的主题，用"能力"二字框定了指标设计的范围和层次。我国对社区的评估，涉及经济、政治、社会、文化、环境等诸多领域，是全方位、系统化的评估。但这是一种相对"全面"的评估，因为它属于结果导向的绩效评估范畴。换句话说，是事后评估，在结果导向的指标面前，过程指标的作用相对次要。比方说，社区评估更关心社区举行各种活动的次数、规模，但这些活动是由哪些组织举行的、这些组织的发展情况，可能较少涉及。相比之下，组织的规模、数量等指标，为居民参与活动、表达需求提供了便捷的渠道。拥有十个社会组织的社区，和一个社会组织的社区，所蕴含的治理能量和潜力会有一定程度的差别。再如，相比志愿队伍的人数，社区评估可能更关注志愿活动举办的频率、活动的效果，然而志愿队伍的规模，恰恰为社区长期、稳定和可持续的志愿服务的提供，创造了可能。

"社区治理能力"评估，从结构上看，意味着多主体、多渠道和多重治理方式和治理机制。只有当治理本身更为多元，才能更灵活地应对多变的社会背景，才能更全面地反映复杂的社会需求。从内容看，意味着广泛的治理文化和稳定的治理预期的形成。在治理的字典里，第一层次聚焦于具体的治理片段，第二层次着重于治理过程，第三层次涉及广泛的治理文化。正是因为目前我国尚未形成稳定的治理文化，才会导致不稳定因素的产生。通过社区治理能力评估，培养治理能力，恰好是减少交易成本、不确定性、形成稳定预期的良药。从评估方法看，能力评估对评估方法提出了更高层次的要求。社区评估可以采用行为观察法、行为锚定法，社区治理能力评估则特别留意关键性的甚至上升为制度层面的行为。

第三节　理论基础：协同治理理论

一、理解协同治理理论

（一）协同

"协同学"来源于希腊语，意思是"协服务同作用的科学"，即是关于系统中各个子系统之间相互竞争、相互合作的科学。20世纪60年代初，德国系统科学家赫尔曼哈肯教授从事激光理论的研究中发现：任何复杂系统既有独立的运动，又有相互影响的整体运动。"相变"在"协同学"中是指在一定条件下，系统"有序"和"无序"状态的相互转化。当系统内独立运动占主导地位时，系统呈现为无规则的无序运动；当各子系统相互协调，相互影响，整体运动占主导地位时，系统呈现为有规律的有序运动状态。

协同理论有两个基本原理：自组织原理和支配原理。

1. 自组织原理

组织进化有两种状态：自组织和他组织。他组织的运行以外力和外部指令为基础，自组织依靠系统内部各组成部分的协调配合。协同学推崇的，就是一种基于系统内的竞争、合作，和约定俗成的规则，形成的一种动态平衡的"自组织"运行状态。

组织的自组织过程，是各部分竞争和合作基础上，从一种相变状态转变为另一种相变状态的动态平衡过程：（1）组织处于开放的、动态的环境中，需要从外界环境中不断吸取、传递并交换信息，来强化组织的内部结构；（2）组织从无序到有序状态的转化，是完全依靠组织自身的协调，并无外力作用；（3）序参量是自组织形成的关键。子系统的协调配合形成序参量，序参量又反过来保证自组织结构和功能的有序性。

2. 支配原理

系统由一种相变状态转化为另一种相变状态的集体行为，离不开"序参量"的作用。"序参量"是协同学的核心概念，协同效应产生的序参量像一支"看不见的手"，影响和支配系统内各个子系统或要素相互作用的快慢，使整序参量是所有子系统贡献的总和。各子系统相互协作、整合，基于一定的模式和结构，产生了大于各组成部分总和的、集中性的、整体性的协同效应。这种协同效应使得系统从无序状态发生质变，转变为有序状态。反过来，序参量又对各子系统起支配作用，使得系统的运行呈现出有序的状态。也就是说，子系统的协同合作形成了系统的有序结构；而序参量之间的协同又支配者系统的结构。

"协同学"不仅是自然科学所"独享"的成果，它正被广泛运用于经济学、社会学、管理学等领域。20 世纪，政府部门囿于其低下的行政效率、腐化的官僚体制、碎片化的运行机制而饱受诟病，一场创新公共管理改革扩散至世界各地。在这个以"改革""转型"为关键词的时代里，企业化管理、民营化、服务外包、流程再造、绩效评估等管理技巧和方法逐渐被运用到政府部门，人们逐渐发现公共物品和服务的提供不仅是政府部门的事情，而是政府部门、私人部门、非营利组织相互协同和合作的结果。伴随着新公共管理的推进，人们逐渐发现公共物品提供者的责任分担问题，以及政府部门内部因为碎片化管理而发生的相互推诿、无人担责的问题。因此，政府内部也需要不同部门之间、以及不同层级之间的相互协同及合作。在这样的背景下，"协同"一词被引入治理领域。

（二）治理

治理理论发展至今，因其包容性、多样性，导致治理深入政治、经济、社会乃至文化生活的方方面面，"治理，到处都是治理"。对治理的理解也各不相同，理论纷呈。有的学者提出治理的四条特质，有的学者提出治理的五项命题，有的学者列举了六种定义也有学者认为治理的实质就是创造一种环境（条件），这一环境是为良好秩序和集体行动提供条件。也有人指出治理是一种公共管理行为，是价值因素较少而技术因素较多的政治行为。治理是一个协调、掌舵、施加影响并且去平衡相关利益体相互行为的一个过程。有学者从主体、结构角度，认为治理的核心主要涉及权力分散、主体多元、结构网络化、过程互动化等关键词。治理包括治理结构和治理过程的设计和实施，以及调整的统治方式的再设计与实施。也有学者综合各方观点，提出从宏观和微观视角理解治理：从宏观层面讲，治理构建的是政府、市场、社会相互联系、相互影响的横向框架，构建以此横向连接为条件的公共选择机制；从微观层面讲，治理搭建的是政府内部政治—行政行为的桥梁，是政府行政权力及行为如何运行、如何分配、如何组织的政治行政过程。Kooiman 论述了治理的层次问题，将其分为三个层次的治理。对于第一层次的治理是一种日常的问题导向型的治理；第二层次的治理关注制度的维护，是在政府、市场、社会的层面讨论治理问题；第三层次的治理即治理的治理，治理的规范化研究，同时也包括如何评价治理的问题。也有学者提出第三层次的治理实质上就是探讨元治理的问题。

罗茨认为，治理是一个管理过程，并列举了治理的几个基本特征：组织之间的相互依存；资源的交换及协商基础上的成员之间的互动；以信任为基础的游戏规则；自主性和自组织的网络结构。

尽管学者无法提供一个全观性的定义，但不难发现，治理隐含着两方面的基本内涵：一是多元的治理主体、去中心化和网络化的趋势，二是各多元主体之间的协同共治，以及在此基础上所形成的协商和合作关系。

（三）协同治理

"协同"作为"治理"的修饰语，将这两个词语结合起来，我们认为，协同治理有如下特征。第一，多元性。治理的主体除了政府部门之外，还包括非营利组织、企业、公民等。各参与主体之间依靠正式或者非正式的协议，在平等、共识的基础上形成合作和协同的关系。

第二，正式性。Monsey 和 Mattessich 区分了合作、协调、协同三个概念；Himelan 对协同与网络、协调、合作进行了辨析；Cigler 通过绘制"伙伴关系光谱二指出光谱的一边是松散的、以信息交换为主的"网络关系"；中间是"合作关系""协调关系";另一边是紧密的、正式的"协同关系"。从这些学者对相关概念的辨析看出,协同关系是正式度最高、规则性最强、信任度最高、持续性最好的一种合作关系。

第三,主导性。尽管各治理主体在平等的基础上协商共治,但政府在其中的主导地位和作用是毋庸置疑的。可以认为,政府在其中起到"序参量"的作用。表现为:在协同治理开始前,设定协同规则,建立主体之间的信任;在协同过程中,减少主体之间的矛盾纠纷,培养彼此的共识;协同结束后,需要政府对协同过程进行评估、总结。在整个过程中,政府扮演规则的制定者、议程的设定者、纠纷的协调者、结构的维护者的角色。

二、协同治理:社区治理能力评估理论基点的选择

(一)协同治理:具有包容性的理论

治理理论的分支包括网络治理、协同治理、整体性治理和元治理。在综合比较治理、网络治理、元治理、整体性治理协同治理之后,笔者最终选取协同治理理论作为社区治理能力评估的理论基础。因为协同治理理论深得网络治理、元治理和整体性治理的精髓,是具有包容性、概括性的理论体系。

1.协同治理与元治理

协同学认为,系统参量可分两类,绝大多数参量仅在短时间起作用,其临界阻尼大、衰减快,对系统的演化过程、临界特征和发展前途不起明显作用,这类参量称为快弛豫参量;另一类参量只有一个或少数几个,它们出现临界无阻尼现象,在演化过程中从始至终都起作用,并且得到多数子系统的响应,起着支配子系统行为的主导作用,所以系统演化的速度和过程都由它们决定,被称为慢弛豫变量即序参量。协同学的使役原理还认为在系统演化过程中会有一种参量起关键作用,这一参量被称为序参量,它能够主导新的有序结构的形成。而在城市社区危机协同治理中政府正是扮演着序参量的作用,它能够引导其它主体有序参与

到社区危机管理中来。

协同理论中的序参量概念，与政府主导的元治理角色不谋而合。原因在于：首先，政府自身的属性和本质决定着它作为公共利益的代表，理应成为社区公共服务的天然供给者，发挥核心作用；政府掌握着大量资源，享有制度安排和制度实施的合法权力，拥有层级化的、组织程度、专业化程度很高的政府组织体系和法律授予的合法强制权力，具有很强的动员能力和组织能力，这是任何个人、民间组织、企业所不具备的能力和优势。因此，应当充分重视政府作为序参量的主导作用，引导其他主体的有序参与。其次，企业、非营利组织和社区居民在社区治理过程中作用的发挥需要政府的引导、扶持、协调和监管。通过制度规范、渠道搭建、过程监控和结果跟进，使得高效、可持续的多元治理成为可能。

2. 协同治理与整体治理

协同治理与整体治理既有区别又联系。一方面，协同治理是以系统思想为逻辑起点，而整体主义是系统思想的基本观点，这为协同治理和整体性治理的契合提供了哲学基础。另一方面，整体治理为协同治理提供了可资借鉴的研究方法和视角。协同治理重视对网络关系结构的整合，追求结构的有序性：网络节点须立足其资源优势，嵌入外部网络，开展多维跨界合作，实现内外资源整合和自身持续、有序发展。二是重视对协作互动机制的整合，确保协作互动的方向性。协作互动机制是实现协同效应的关键，但机制的多元并不意味着机制效应是不确定的。强调协同效应是互动机制的目标走向，易于控制机制变动的随意性、保证不同机制的协调进而促进协同效应的实现。因此，可以克服特定子机制缺陷和协调多元机制冲突，有效促进多元主体之间的良性互动。三是重视功能整合，以期获得有效结果。协同增效不是关系结构、互动机制的自然延伸，其实现过程可能存在功能断裂、功能异化现象。

通过对功能的整合，有利于克服"碎片化"现象以及保障协同治理整合功能的发挥及其结果的有效。

3. 协同治理与网络治理

网络关系结构是协同治理实现的必要条件。只有实现了网络化治理，协同效应的实现才是有可能的。因此，网络治理和协同治理之间存在内部关联。

协同治理强调子系统之间的竞争与合作、支配与服从、平衡与涨落等多元、多维的关系结构，网络化治理中网络组织或节点之间的关系是对其关系结构的贴切表达。网络节点之间是平等合作的关系，节点之间关系的变化由利益、资源、目标的变动所致。节点之间的关系又是多维的，之间的关系，又有节点与外部网络之间的关系。节点之间的关系可以通过正式机制来维护，又可以通过信任、社会资本等非正式机制予以强化。网络正式、非正式的关系结构，能充分保证协同治理的有序性。

简言之，协同治理深得网络治理、元治理和整体性治理的精髓，是最具概括性的理论体系。

（二）协同治理：符合社区建设实际的理论

协同治理有多种分类方法，本书参照田培杰的研究，按协同程度的高低分为公共协商平台、纠纷解决机制和问题解决机制。公共协商平台是以具体问题、具体项目为依托的协商治理活动，非公协同方虽然有充分表达意见的权利，但决策权较弱；纠纷解决机制意味着当发生矛盾、冲突之时，为避免长期争论造成能力虚耗的结果，利益各方在求同存异、相对平等的基础上就问题展开讨论的机制；问题解决机制与纠纷解决机制最大的不同在于，协同主体之间彼此信任，并且通过协同活动，能够达成共识，将信任关系推进到更新的阶段。

为了解社区的发展现状，笔者采取典型抽样的方法，先后走访了 X 市 H 街道下辖的 7 个社区。考虑到这些社区成分复杂，既有新兴的、以商品房为主的纯城市社区，又有仍处于过渡期的"城中村"，还有依托单位（太古集团）建立的生活小区。社区类型的复杂性和代表性有助于保证框架的普适性。此外，各社区处于同一街道办的领导之下，意味着政策环境、外部资源基本相似，易于进行受控比较。

值得注意的是，协同治理在各个社区均得到不同程度的运用。一些社区出现了临时的、以解决问题为核心的公共协商平台。比如，为建立居民活动中心，X街道的S社区居委会发动物业、业委会捐助了一台3匹空调、电视、音响，腾出500m² 的售楼处作为居民活动场所，小区居民自己设计、手写方案，仅用五天时间活动中心便正式投入运营，成为居民们休闲、聊天、互通有无的地方。居民以及社区的一些工作人员为建立居民活动场所聚集在一起，这种以具体、临时的项目为依托建立起来的平台，就是公共协商运行机制发挥作用的体现。同时，也出现了政府、社会组织和企业共同参与的沟通调解机制。比如，2012年，区法院与H街道共同设立的"劳资纠纷调处中行业协会、商会等社会资源的力量，多渠道、高效率地化解矛盾纠纷，保障劳资双方的合法权益。不仅如此，最高形式的问题解决机制也有局部的应用。具体来说，联席会议、大党委都是组织化的表现形式。

三、协同治理理论在全书中的应用

从理论看，协同治理理论具有概括性和包容性；从实践看，协同治理理论符合我国社区建设的实际情况。协同治理理论是一种治理理念，与网络协同理论、资源依赖理论、协同优势理论等密切相关。

因此，本书用协同治理理论为宗旨和理论基点，在框架构建、二级三级指标设计中均不同程度地加以应用。

对于多方参与的协同行为来说，适当的结构、体制和机制运行方式将有利于保证协同治理的效率。因此，在框架构建阶段，我们的研究从结构的角度切入。尽管协同成员结构复杂、多变、模糊，但从多元的主体中我们抽取了三个最主要的协同主体：居委会、社会组织和居民。这三个主体被纳入协同系统中，本身就意味着彼此之间存在资源的相互依赖关系。在分析三者之间合法性和资源依赖的前提下，我们进入协同过程的分析阶段。结合系统论的观点，协同过程依托主体之间的信任、共识、认同展开，在不断循环的过程中加强协同成员的互信共识，从而促进治理绩效和治理能力的提升。

二级和三级指标的设计涉及组织理论、系统理论、公平感理论、社会资本理论等诸多理论，但协同理论和协同思想依然是指标设计的统领。其中，主体能力维度中协同能力的测量与协同网络理论和协同优势理论有关。协同优势理论认为，不同组织的语言和文化可能会阻碍协同目标和共识的达成，因此我们对协同成员的同质性进行考察；网络协同理论认为，网络中各主体联系的疏与亲将影响它们在网络中的地位，因此我们特别关注了"协同渠道"指标下不同组织之间，以及组织内部成员之间关系的远近。

社会资本理论中的信任、共识、合作等方面，与协同治理的理论宗旨相吻合。协同系统的运行离不开社会资本的培育，而协同系统运行的过程，也就是社会资本不断积累的过程。在领导能力、治理绩效两大维度下，结合协同优势理论，我们注重信任、共识的培养和社区感的提升。

总之，协同治理可以视为一种治理理念，以信任、共识、合作为宗旨，依托协同优势理论、网络协同理论、资源依赖理论等展开，指导指标设计的全过程。

在指标设计过程中，评估框架的建立是至关重要的一环。框架是指标体系的骨架，选用框架的好坏将直接决定了其上构建的指标的质量，对二级指标、三级指标和后期的数据处理起到战略导向的作用。比如，平衡计分卡从财务、客户、内部运营和学习成长等四个维度全面阐释了企业的战略目标，这四个方面互相联系、缺一不可。之后二级、三级指标的设计，都是建立在此框架基础上，对四个维度的进一步细分。不管后期论证如何严密、数据如何完整，如果框架中缺乏了某个或某些要素，都会对指标体系的完整性造成一定的影响。

指标框架是实证分析的基础，能为结果的解释提供思路。比如，因子分析中，对指标的取舍、因子数量的确定、类别的选取，都将以指标框架作为依据。结构方程可以不断增加变量之间的相互关系，来达到修正、完善模型的效果。但如果脱离了指标框架，再优的实证模型都不具有说服力。

指标框架不仅提供了规范的研究视角，也有利于后期指标的应用、监测和成功的政策干预。不同社区中经济发展水平、基本情况会有一定的差异，面临不同种类的问题、冲突。比方说，村改居过渡型社区，存在拆迁问题、补偿问题、集体资产流失、流动人口管理、小区治安等痼疾，这些问题在经济水平较高、秩序良好、居民素质较高的商品房社区，可能并非主要矛盾。

这两种不同类型的社区，尽管面临的政策环境、制度环境、生态环境等大体相似，指标设置上却不尽相同。如果简单选取同类项而不考虑诸如"拆迁、征地"等特殊情况，最终形成的指标体系不可能准确、全面地衡量社区的工作内容和工作量。为此，我们通过指标框架方法，合并同类项。比方说，虽然工作内容有所差异，但参与工作的主体、主体之间的协同关系、完成工作或者项目的过程都有一定相似性。从不同的工作、项目中提取共同的领域结构和要素，可以看成是指标框架设计和构建的题中之义。它有助于在现有框架的基础上，根据不同社区、不同时期治理的实际情况和问题，设计出动态的、权变的指标体系和指标权重；指标体系有一定的差别，但一致的框架体系为社区横向和纵向的比较、并且提出政策建议提供了可能。反过来说，如果没有框架而只是指标的组合，不能算作完整的指标体系。特别在指标的应用环节，根据相应的数据得出的政策建议可能是碎片化的。比如，该社区居民对社区工作人员"信任度"较低、"互动次数""参与率"较低。但如果有一定的框架作为基础，我们就有可能将其归为社会资本的范畴，假定社会资本是治理能力的重要组成部分，也会对其能力的提升起到举足轻重的作用。该社区信任度、互动、参与较少，因此需要重点加强社会资本方面的建设和功能的完善。

简言之，从规范视角看，框架的构建作为二级、三级指标设计的逻辑起点，是权重赋予及指标体系的验证、优化的基础和指导；从实证应用的视角看，框架设计为后期指标的应用和系统化、有针对性的政策建议的提出提供了便利。

第四节 代表性的绩效管理逻辑框架

一、基于生产有效性的绩效管理

从生产角度看，绩效是组织成员在特定时间内，由与其所进行工作相关的工作职能或活动产生的产出记录。据此，陈国权、李志伟将政府绩效定义为政府行使各项职能的绩效表现。美国学者谢夫利兹与罗森布罗姆这样定义政府绩效，认为政府生产率＝效力＋效率或产出／标准＋产出／投入。

可以说，基于生产有效性定义的绩效管理是一种以结果为中心、顾客至上的传统的绩效管理理念。据此，政府绩效评估被理解为对政府公共部门管理过程中投入、产出、中期成果和最终成果所反映的绩效进行评定和划分等级。政府绩效评估指向公共部门的职能，为此，一些学者根据政府职能将绩效评估分为经济绩效、社会绩效和政治绩效。其中，经济绩效发挥基础性作用，是政府绩效的主要内涵和外在表现；社会绩效是绩效体系中的价值目标；政治绩效为实现经济绩效和社会绩效提供法律及制度保障。然而，该框架显得太过粗糙，显然在政府实际工作运行过程中，这三项职能有重复、交叉或者遗漏，对以此为基础构建的指标体系的全面和有效性造成一定的影响。

二、基于行为和能力的绩效管理

20世纪50年代，行为科学学派对绩效的内部研究，主要是从组织及其成员的行为及其能力方面开展的。其中，以OECD2000年给出的定义为典型：绩效可看作资源获取与使用上的能力，是"一个机构或当局经济地获取资源以及高效率（投入／产出）、高效力地（产出／结果）利用资源实现绩效目标的熟练性"。奥普勒（Oppler）、塞格（Sager）等人则认为，绩效是员工自己控制的与组织目标相关的行为，绩效是多维的，没有单一的绩效测量；绩效是行为，并不必然是行为的结果。

依据行为和能力决定绩效的理论，绩效管理是对组织或员工行为能力的考察。Ingraham，Joyce 和 Donahue 的政府绩效模型显示，资源一定的情况下，决定政府绩效高低的最主要因素是管理能力。其中，财政管理包括财政预算和预算执行，主要是根据政府的发展战略配置资源，有效和负责任地花钱工人力资源管理则涉及人力的合理配置和激励问题。信息技术管理涉及如何收集、分析和使用信息等方面，对于众多复杂的公共事务而言，信息技术具有关键的联结功能。而资产管理则涉及长期规划、项目优先次序、确定适当的预算资源以保证基础设施的维护、关注资产与运作预算之间的关系等方面，它们与政府的价值取向、愿景、决策机制和回应性等密切相关。在这个框架中，绩效评估属于人力资源管理的一部分，显然，仅靠它是远远不够的，良好的政府绩效需要诸多管理过程的配合和多方面管理能力的提升。

从模型中不难看出，以能力为基准的绩效管理模型过于重视政府的内部管理和运作效率的提升，虽说也涉及对环境因素的考量，但显然在其中的作用与能力、行为不可相提并论；值得一提的是，该绩效框架忽略了公众在绩效评估中所起的关键性作用，而这，正是新公共行政影响下绩效管理价值理性的题中之意。

三、系统论视角下的绩效管理

伴随着系统论的引入，绩效被视作各要素相互联系和作用的整体。其中，一些学者通过列举绩效维度给出了静态层面的内涵理解：绩效包括效率、成本—效力、服务提供的质量与公正性、政府财政稳定性与政府政策的一致性。秉承这一思路，北京大学周志忍教授认为，政府绩效包括经济、效率和效益等内容，涉及政府管理活动的四个方面：成本、投入、产出、效果。很快，对政府绩效仅作效率和效果的关注很快被新公共学派的学者们所诟病，对技术理性和政治理性的探讨延伸到政府绩效管理领域之中，演变为对绩效元设计的拷问。所谓元设计，是指对政府绩效评估设计的设计，包括设计的哲学、理论依据、设计的主体及其相互关系，设计的方法、手段，设计规则等。其中，张璋将管理主义视角下的绩效评估模式定义为理性设计模式，与此相对应的社会互动设计模式，则设计众多利益相关者的综合协调和多方的信息交换。最终他指出，两种政府绩效评估的设计模式均存在先天不足，因此，可行的解决路径在于发展综合的元设计哲学，建立理论与实务的整合机制，工具理性与价值理性相结合的指标体系。以此为基础，政府绩效评估的内涵维度得到大大拓展，代表性的定义如徐增辉在《我国政府绩效评估存在的难点及对策》中，认为政府绩效管理是以一定的时段为界限，根据政府管理的效率、效益、公平、秩序及公众满意度等方面的判断，对政府公共部门管理过程中投入、产出所反映的绩效进行定量或定性的测量并划分等级，以期改善政府行为绩效和增强控制的系统过程。卓越在综合加拿大、新西兰、英国等绩效管理实践的基础上指出，21 世纪西方政府较为普遍建立起整体性的绩效管理框架，有助于绩效管理空间的拓展。在政府管理领域，作为完整的系统，绩效管理包含绩效战略、绩效评估、绩效控制、绩效沟通、绩效改进等内容。张明在《政府绩效评估的多元主体分析及指标体系构建》一文中指出，政府绩效评估的构成要素包括评估对象、评估定位、评估指标、评估主体、绩效信息收集、绩效方法选择、评估结果使用等。这些要素相互依赖，共同构成政府绩效评估体系框架。

更进一步，在该系统中，比较难以把握的是评估主体问题。因为主体的执政理念、风格和重视程度，将对绩效评估的方向、内容、组织和时间的确定，甚至最终结果、信度产生影响。20 世纪 90 年代以来，评估主体多元化渐渐成为政府绩效评估系统化和规范化发展之后的趋势之一，根据林德、布罗姆等人"两种模式的观点，二人在社会组织中通过方法、技术的熟稔掌握，对知识的应用有自信的一面；但同时，因为有限理性和信息的不完全，对自己能力依然有怀疑的看法，必须通过多元权力主体的互动、平衡和竞争加以解决。加之社会本身多元，必须引入多层次的评估主体建立多元评估主体结构。较为代表性的当属 1982 年美国通用公司杰克·韦尔奇发明的 360 度绩效评估方法。这是一种从评估主体角度寻找绩效评估的方法。具体实施步骤如下：（1）负责考评的管理者从员工的 3~6 名同事那里听取意见；（2）负责考评的管理者从 3~6 名员工的下属中听取意见；（3）负责考评的管理者让员工自我评估。（4）负责考评的管理者仔细阅读上交的表格，并根据表格对工作表现作出评估。

与私营部门相比，公共部门 360 度绩效评估的差异主要体现在评估主体的多元化方面，根据胡税根的思路，除了自我评估之外，还需增加中介组织评估、综合组织评估、社会评估的内容。波伊斯特认为，绩效管理是关于指导和控制组织中的员工和工作团队，并激励他们达到更高的绩效水平的过程。以此为基点，他指出，要设计有效的项目工作绩效考评指标，就要对项目工作的内容及其最终结果有清晰的认识。基于此，波伊斯特构建了项目工作逻辑模型，试图通过项目各组成部分内在逻辑关系的揭示，为指标框架的设计提供思路。

简单来说，各项资源被用于开展项目工作的行动和服务，以产生即时产品或支出，组织希望这一系列活动能带来相应的中期和远期成果，这种成果就是组织效率、效益的提高，以及公共服务品质和客户满意度的提升。基于该逻辑模型，波伊斯特从产出、效率、生产力、服务质量、效果、成本效益、客户满意度等维度构建绩效指标体系，可以说，基于过程论的项目工作逻辑模型和系统论视角下的绩效评估维度一脉相承，是动态化的绩效评估系统。

目前，大多数国际组织把逻辑框架分析法作为援助项目之计划管理和评价的主要方法，如加拿大不仅把这种方法应用于国际发展援助项目，而且也应用于国内公共投资项目；国内项目管理者及学者也纷纷采用项目逻辑模型构架政府投资项目、扶贫项目、环境保护项目的绩效指标体系，如学者李林等在其所负责的自然科学基金课题研究中就以项目逻辑模型为蓝本，构建出了以项目宏观目标、项目目的、项目产出、项目投入为指标维度，生活环境改善程度、就业率等 22 个分类指标构成的政府投资项目绩效评估指标体系。

四、战略聚焦的绩效管理

戴维·奥斯本和彼得·普拉斯特里克通过目标的明确、方向的确定，也即核心战略的实施详细论述了绩效得以提升的途径。他们指出，那些取得了高绩效的组织都具备一个共性，就是它们都高度重视组织使命、战略目标及绩效等问题。因为，没有明确的组织使命和战略目标，组织就不可能有明确的努力方向。据此，夏夫里兹和拉塞尔认为，绩效评估是组织为实现其战略目标而进行的系统性整合，参照绩效目标和标准，对组织的产出实施评估，并对目标达成程度及原因进行分析，以便为下一轮评估提供反馈信息，改进绩效评估，提高目标实现程度，提升组织整体绩效。

依据战略管理的绩效评价理论，企业的绩效不能与其总体经营战略决然分开，在企业内部开展绩效评价关键在于从组织的长远发展角度考虑它们的经济利益，建立的绩效评价体系要是比较全面的而非片面的，且能反映管理对其业绩的增长，在此基础上运用合理的量化方法测评绩效。将非财务性要素与财务性要素整合起来，试图据此来反映企业综合经营管理绩效。

环境的多元易变终于将公共部门决策者和政策研究者的眼光聚焦于政府战略管理，而作为政府和企业来讲，其相同的组织特性也为公共部门借鉴私营部门的战略管理方式、技术、理念提供了可能。就战略管理来说，最具代表性的绩效框架无疑是 Kaplan 和 Norton 于 1990 年设计的平衡计分卡（BSC）。正如战略管理阐述的意图，平衡计分卡将传统的财务指标和促成财务目标的绩效因素结合起来，得以用严谨的手法来诠释其策略。它把组织战略转变为前后连贯的系统绩效考评量度，借以寻求财务和非财务的衡量之间、短期和长期的目标之间、内部绩效与外部绩效之间的平衡。

平衡计分卡出台之后，在美国得到广泛应用。之后，英国、澳大利亚、瑞典、加拿大等国政府，都将平衡计分卡作为战略和绩效管理工具。值得一提的是，美国北卡罗莱纳州夏洛特市政府，早在 1996 年就将平衡计分卡引入公共部门绩效评估，并将其引入每一个具体的公共项目当中，如关于社区安全治理项目，则以这四大层面为评估维度逐一进行细化，在顾客层面设立了诸如降低犯罪率、迅速回应市民报案电话等绩效指标；在财政方面，设立了从市政以外的来源募集资金的绩效指标；在内部流程层面，设立了推广社区自治问题解决方式、发展与公民协管机构的联盟关系等绩效指标；在学习与成长层面则设立了增进公务人员在社区问题导向的政策制定方面的技能、发展快捷的资讯和沟通的科技等绩效指标。

　　然而，平衡计分卡因其"出身"问题备受公共管理学者的质疑。毫无疑问的是，政府绩效集中的区域并非财务维度，因此，理论和实践界对该项工具的修正显得必不可少。其中，齐越、朱丽峰将计分卡修正为服务公众、学习发展、政务流程、有形资源、公务人员等五大"聚焦区"王会智则将其调整为"地方政府工作业绩、行政成本、地方政府内部管理流程、学习创新"等指标。总之，适当降低财务维度的重要性、提升公众满意度在评估结果中的配比在学界中几成共识。

　　综上，虽然对政府绩效管理的认识各不相同，但所有的差异不过是认识的角度；虽然无法在角度问题上区分孰优孰劣，但毫无疑问的是，从结果看，绩效管理的目标暗含效率、效益和公平；从过程看，绩效评估只是绩效管理的组成部分，评估结果的应用和反馈更为必要；从系统角度，绩效评估的主体是多元的，既有内部也有外部；从战略聚焦，绩效管理则强调将财务维度和非财务指标相结合。

第五节　社区治理能力的典型框架解读

在框架设计前，对已有研究的借鉴是很有必要的。在此，我们介绍两种较为典型的分析模型，以期为后期社区治理能力框架的确立提供思路。

一、Marion 模型的解析

在 Marion Gibbon，Bronald Lahonte，Glennn Laverack 三位学者看来，社区能力只是从社区发展、社区授权的变身，并不是什么新鲜事物，研究目的在于如何通过政府部门、非政府部门、社区工作者（实践者）以及社区成员（项目的目标群体）之间关系的改善，达到社区能力持续提升的目的，不管项目名称和内容如何改变。

从 Marion 的社区能力模型中可以看到：第一，项目管理是社区能力建设的核心，两者相辅相成。社区能力的提升有助于更多项目的发展和维持，是项目管理的"润滑剂"；同时，通过特定项目的引进、计划、执行和评估，社区可能培养和发展一些其他社区不具备的特定"能力域"。Marion 等学者将两者之间的关系诠释为"平行轨道"。第二，该模型暗含这样的前提预设：社区能力是各治理主体能力的加总。对基金资助机构来说，项目交付能力和关系型能力建设是重点；对社区实践者，应加强项目可持续发展和关系型能力建设；对社区公民，则需要尽力提升项目维持能力和运行能力。

二、Laverack 及可视化模型

Laverack 在综述各类文献、归类社区运行规律之后提出社区能力的九个维度：利益相关者的参与度；地区领导力；问题分析能力；组织结构；资源的流动性；社会组织及居民联系的紧密性；利益相关者的质询能力；利益群体对项目管理的

控制力；与社区外代理人关系的平等性。

Laverack 的九因素模型依然以项目为基础，涉及资源流动性、参与、项目控制力、项目评估、质询、领导等内容，相对于 Marion 模型，该模型对项目发展过程的阐述更为具体，指标的可操作性较强。Laverack 因此尝试社区的能力评测结果进行描述、解释，并将该模型命名为"蜘蛛网可视化模型"。

三、评述

两个模型特色鲜明，为社区治理能力评估框架提供了可资借鉴的素材。

Marion 的模型从结构的角度加以评测，揭示了各主体之间的关系和核心能力；Laverack 尝试从过程的角度组建模型，在九个维度中可管窥社区从项目引入，到项目评估和终结的全过程。笔者认为，社区治理能力评估的主题，包含结构的思索，也应该有过程的考量。社区不仅是地域的概念，更意味着通过治理主体之间关系的调整，实现治理结构的优化。同时，社区治理能力通过项目运行得到提升。项目的发展呈现出引入—计划—发展—评估—终结，循环往复的过程，在不同的发展阶段，对社区治理主体之间的关系、治理能力治理方略的要求也将有所区别。正是在项目的逻辑运行中，社区治理形成多元主体相互作用、共建共治的氛围，体现出依存于项目的"平行发展"过程。因此，将结果和过程视角相结合的评估，更为全面，也更符合"治理能力"的价值意蕴。

第六节　基于结构—过程视角的分析框架构建

协同治理不仅具有包容的理论内核，而且具有现实的实践内涵。至此，笔者将以协同治理理论为基础，从结构—过程视角考察社区治理能力的指标要素构成及其相互关系。

一、结构视角下社区治理能力框架

社区是由一定背景的、具有共性的人组成。如果按一定的标准归类，就构成了社区中各个活动主体。一些学者将社区作为一个整体进行评估，从而避开对社区主体的讨论。但如果社区主体的构成、相互关系尚不明晰，社区的运行机理、协作机制更无从谈起。在此，不妨将社区看作一个由治理主体组成的、不真实的概念，那么社区治理能力，应该是各主体能力的表象；培养和整合各主体能力的过程，也就是培养社区治理能力的过程。

值得一提的是，社区治理能力并不是各主体能力的简单加总。在相互作用、共同治理的过程中，各主体的治理能力有倍增、有减弱，会相辅相成，也可能相互抵销。如何分配有限的资源、调适主体之间的关系、优化治理能力结构，是社区治理能力评估的关键和使命所在。

因此，明确社区治理主体的组成，是开展社区治理能力评估的第一步。秉承主体外延相互排斥的原则，笔者认为，社区治理主体包括：基层政府、社区居委会、社区组织、社区居民。

社区居委会在治理中占主导地位。调查结果显示，当居民有表达需求的愿望，近半数的人（47.4%）会"直接找社区"；95.2%的居民表示，居委会是他们接触最多的机构。尚且不论社区的工作效率如何、对问题的处理结果是否让人信服，在众多治理主体中，社区居委会的主体作用、主导地位是毋庸置疑的。

居委会在社区生活中的重要性，与其承上启下的工作性质有关。正因如此，在"行政性"与"自治性"之间，它的定位相对模糊。笔者认为，从自上而下的机构建立，和自下而上的机制运行看，居委会的行政性有所加强。一方面，按照"议行分设"的原则，街道办事处派驻社区工作站到基层，意在履行政府职能，承担社区的行政事务，增强居委会的自治性质。实际上，工作站和居委会是一班人马，两个牌子。居委会听命于街道办，书记、主任皆由上级任命，所有两委职位的设置，均与街道的部门一一对应，一些社区实行村改居之后，居委会工作人员的薪资由村财变为政府财政拨款。在访谈过程中，居委会主任表示，政府的行政事务占去工作的九成，如计生、综治、信访、医保、社保等，由两委、协管员近60人处理；与居民自身相关的事务，则由8个两委处理。由此可见，"社区工作站"这一自上而下的改革，让居委会的行政性质得到一定程度的加强。

另一方面，网格化管理是自下而上孕育的新的治理方略。2012年，X市推行社区网格化管理，每个社区以400户左右为一个网格单元，每个网格配备2—3名网格员，社区网格分为三个层级：第一层级由社区党组织书记、居委会主任及"两委"成员组成；第二层级由网格主管委员和网格员组成，实行一岗多责，具体负责网格内日常事务；第三层级由物业管理人员、楼栋小组长等组成，协助网格管理员工作。网格化管理将基层职责和权力进一步分解、细化，是行政力量向基层的延伸。

如果说居委会是行政力量在社区的代理人，那么社区组织和居民就是社会力量的代表。社会力量在社区治理中的勃兴体现在两方面：一是在政府的培育下，社会组织数量得到提升、协作方式精彩纷呈：有正式的组织，如老年协会，社工服务中心，也有非正式的组织，如社区艺术团、社区篮球队；有一些组织形式已经推广至大部分甚至全部社区，如艺术团、大党委，还有一些仅限于一个社区甚至某个小区，如居民议事小组。从协作方式看，非正式的协作关系依然存在，主要依赖一些关键行为者，如居委会主任、网格长、网格员、网格民警、楼道小组长、热心人士；也出现了更为稳定的协商、协调，及合同治理形式，主要应用于社工组织项目的申报和推进。

二是公众的重要性得到社区工作者的广泛认可，当我们询问"社区内相关群体利益、需求发生冲突时，您优先考虑的是什么"，大部分工作者（88.9%）偏向于选择"居民需求"；当面对同样的问题，比如"居民生活中最大的难题，虽然社区工作者和居民的答案存在一定的出入，但位居第一的均为'收入太低'"，表明公众的需求一定程度和社区工作者的理解达成一致，这与二者之间的沟通交流是密不可分的。部分社区居民较为活跃（55.3%的居民参加过政治活动，28%一年参加3—4次社区活动，12%的居民参加7次以上），甚至出现了参与治理的长效机制。比如在"社区直通车"项目中，认捐的居民（志愿者）将获得3个小时（正常的是2个小时）的免费骑行时数奖励；党员志愿者实行积分制度，对积分较高的党员给予表彰。虽然这种运行模式是局部的，但具有较强的扩散潜力和借鉴意义。

所以，社区中至少包括三类治理主体：社区居委会、社区组织和社区居民。三者之间存在互补、互依的关系。首先，不管何种主体，都存在合法性的问题，包括形式合法性，即政府对相关主体的认可和实质合法性，指公众的认同。其中，社区居委会的行政化背景与生俱来，并不断加深，但它需要社区公众给予它更多的认同，以保障工作的顺利开展；民间的社区组织社会背景深厚，却需要政府部门的身份认同。对居民来说，也需要居委会保障其合法权益，伸张合理需求。

其次，各治理主体存在资源方面的互赖性。根据麦肯锡调查结果，我国社区组织中，800家官方或半官方传统社团享有80%的慈善资源，而民间约15万社区组织只享有20%的慈善资源。因此，社区组织需要居委会承认其政治合法性，从而获得更多的资金，来维持自身运转，提供更多的公共物品。

对于居委会来说，囿于时间、精力，它需要依托社会组织，提供形式多样的福利服务。比如，舞蹈队可以提供娱乐、文体等公共物品，社工组织能开展居家养老、心理咨询，这些都是居委会资金或者能力范围内无法提供的。

社区主体之间相互需要的关系，使其产生了与其他主体合作的动机和动力，整个社区的协同治理体系依靠互赖性得以存在。这种互赖性可能因为资源有限，也可能因为合法性需要；可能建立在相互信任的基础上，也可能为了减少长期矛盾纠纷造成的能量损耗。总之，居委会、社区组织、居民因为互赖性走到一起，这是协同治理的基础和前提。这种互赖性，与各主体的能力密切相关。

一方面，主体能力的强弱及专业化水平，可能成为协同治理的壁垒。自身的能力对于其他主体来说即为资源的有用性。因此，只有当各主体能力提高至一定水平，协同治理方有开展的可能。

另一方面，能力并非越强越好。因为协同治理是建立在民主协商的基础上，虽然有助于决策的民主化、科学化，但其低下的运作效率、高昂的交易成本也是有目共睹的。在这之前，主体可能尝试过单打独斗或者权威式命令等方式，因为种种原因均宣告失败，所以协同治理是万般无奈下的次优选择。如果某个主体能力相当强大，意味着它足以找到其他方法来解决问题，协同治理就没有启动的必要。

假设1：社区治理能力与主体能力有关。只有当治理主体能力达到一定的水平，协同治理的开展才具有可行性；也只有居委会、社区组织、居民认识到自身能力不足、以及彼此的重要性，协同治理才是必需的。

如果说治理主体及能力构成是解决社区治理的体制问题，那么为达成协同治理的共识，居委会应该营造平等参与的氛围，确保公正合理的协同环境。在协同治理运行之初，各主体均对其半信半疑，可以想象它们将对暗箱操作、不平等现象敏感异常。只有昭示公开公平的协同程序，才能从根本上消除他们的疑虑。

假设2：公平、公正的协同环境，有助于社区治理能力的提升。

从结构视角看，社区治理主体包括居委会、社区组织、居民，其中，居委会处于最重要的领导地位。社区治理能力与这三个主体的能力有关，同时，公平、公正和透明的协同环境，也有助于社区治理能力的提升。

二、过程视角下社区治理能力框架

关于协同治理过程的构成要素，学者各执一词。其中，Susskind 和 Cruik Shank 认为，协同过程由"协同前准备、交涉和结果执行"构成；Gray 指出，协同过程有三个步骤：问题设置、方向确定、政策执行。Chris Ansell 和 Alison Gash 描述的过程更具直观性：面对面的对话、共识建立、对过程的信任、相互理解。在整理学者们思想的基础上，笔者从系统论的角度将社区治理过程定位为闭环的能量循环：要求的输入 - 对协同压力的反应 - 作为协同结果的产出。

要求的输入。要求是意向的表达。当协同治理达成之后，各主体将通过各种途径，表明他们的期望、意向、动机，和利益，并陈述其偏爱。这些要求，可能是同质的，为协同治理奠定基础，也可能是异质的，成为协同的障碍。要求输入阶段是协同过程的初始，也是协同治理进一步推进的基点。面对不同治理主体提出的种种要求，应从价值角度培养认同感。这种认同感，是对协同治理的认识。它意味着各主体坚信，协同治理是解决现有问题的不二选择；不管治理能不能达到自己期待的结果，都将坦然接受。当然，理论上协同治理将通过协商的方式，达到妥协的结果，但这并不代表在治理的过程中不会发生协商过程偏离既定轨道的事件。如果治理主体在这一过程中保存对协同治理的坚持，就会防止协同系统内某些变量达到临界范围、无法继续运行的情况。这种共识会伴随着协同治理过程的推进加深或减弱。

假设 3：对协同治理的认同感越高，社区治理能力越强。

价值角度的认同感，也包括主体之间的理解和信任。主体之间的分歧、争议越大，认同感越低，合作和协同的可能性越小，甚至会导致治理过程中的策略行为和零和博弈的结局。此外，争议可能正是协同治理的机遇。在很多案例中，恰恰因为组织之间长期争议和政治僵局的存在，才推进了协同治理的最终达成。从这个角度看，协同治理以争议双方的妥协为目的，双方的争议将不再是障碍：

假设 4：社区主体之间信任／分歧程度越深，治理能力越强。

对压力的反应。如果因为各种未可知的原因，导致协同治理陷入僵局甚至面临失败，这会让每个身处其中的成员都感觉到压力。压力的形成源于治理主体的异质性，对压力做出反应的可能途径是尽力促成各主体之间的同质化。此时，如果简单粗暴地采用消除、压制的方法会适得其反；避免压力的主要出路在于努力融合、控制而不是消除差异，其中，共识的建立是权宜之计。包括共同的使命、目标、意识形态、愿景等。共识的培养，一方面具有团结作用，能加强主体之间的信任，形成责任意识；另一方面也是一种内在规范，无形中协助当局对治理主体施加社会压力，使其严于律己，至少不会只考虑自身或少数群体的利益。

假设 5：共识的培养，有助于治理能力的提升。

再者，越是在治理系统面临压力的时候，领导能力越发重要。当冲突发生时，各主体会异常敏感、焦躁，强有力的领导往往起到协调作用。通过制定规则、培养共识、加强信任，或者安排多次协商见面的机会，能重建主体之间的信任基础，重振主体对协同治理的信心，确保双方（或多方）能平心静气地继续合作，防止系统崩溃。此外，领导能力还体现在公正性和平衡性上。冲突中可能存在力量对比的失衡，有效的领导应该均衡各方利益，通过对弱势群体的扶持，防止强势群体操纵治理的全过程。但扶持也要控制在一定范围内，过度的扶持会使领导者遭遇"不公正"的合法性危机，导致协同治理的失败。

假设 6：领导能力是治理能力的重要内容。

作为协同结果的产出。产出并不是协同治理的终点，它是一种中间产品，充当治理系统排解压力的手段。通过一些阶段性成果的取得，可以刺激治理主体对协同治理的好感和认同，增进主体之间的信任，有助于协同治理的进一步推进。如果各主体的协同是建立在分歧和争论的基础上，协同过程将艰难而漫长，那么一些短期的成果，对最终协同治理目标的达成尤为重要。在此轮协同中，主体对治理本身、其他主体、协同规则等形成一些认识，这些认识将成为其决定是否参与新一轮协同的依据，也成为新一轮协同的启动条件，让治理无限循环下去。

假设 7：治理能力评估，也需要对现有治理绩效进行考察。

结构 - 过程视角下社区治理能力框架及特征。

把结构和过程的研究视角结合起来，将各治理主体的能力进行归类，就形成了社区治理能力评估的分析框架。

该评估框架包含以下要素：主体能力、公正环境、领导能力、社会资本（共识、信任、认同）、治理绩效。其中，主体能力和公正环境，是协同治理能否启动的体制和机制条件。在治理过程中，处于领导地位的居委会应该充分发挥其领导功能，建立各治理主体之间的沟通渠道，协调主体之间的矛盾冲突；社区组织和居民作为协同治理的重要参与者和社会力量，对居委会领导能力，协同治理、协同主体的认同和信任，有助于克服治理过程中面临的压力，提升治理绩效。阶段性的治理绩效又将成为协同治理进一步推进和下一次治理启动的条件，促动社区治理能力框架形成相互影响、循环往复的闭环。治理结构阐述各治理主体的组成以及主体之间的相互关系，同时，主体能力和公正环境也可以看作协同治理启动的前奏和过程的一部分；治理过程以协同治理的各个阶段为基础，打开协同治理过程的黑箱，阐述不同情境之下各主体的应对策略，意味着在过程的视角中也包含了对主体角色、主体间关系的探讨。一定程度上看，结构和过程视角是可以有机统一的。

三、结构 – 过程视角下社区治理能力评估框架的特征

从框架形成的过程、结构和组成要素看，该模型具有以下特征。

第一，社区治理能力评估框架中的各要素，与企业的一般能力、核心能力和动态能力理论暗合，可作为各社区治理能力评估的参考。如果各主体在资源和能力方面相互依赖，那么在平等、公开的制度环境下，协同治理就具备了基本的启动条件，即一般能力；如果社区居委会具有较高的领导能力和智慧，能运用现有资源，增强治理主体之间的互信互赖，以及对协同治理的认同感，那么该社区依

托协同治理建立起来的社会资本，就表现为不易为其他社区学习、模仿和超越的独特能力表象，即核心能力。从长期看，协同治理是不断发展变化的，也是循环发展的。这一次协同治理的结果，将作为下一次协同的环境反馈，影响治理的启动和运作过程。如果居委会能收集并运用结果的信息，增强协同治理的正能量，消除其负面效应，那么其领导能力和规则制定能力就具有了动态意义。

第二，社区治理能力框架从结构视角揭示了社区治理的主体构成，阐释了治理启动的条件；并打破治理过程的黑箱，揭示了各治理主体面对要求、压力、挑战的互动、交流。在此基础上，演绎成一系列假设，这些假设既是社区治理能力的影响因素，又可以看成是指标要素的集合。指标设置的目的之一，就是用可以观察的变量，来衡量无法观测的值（即潜变量）。指标体系的建立，暗含这样的理论预设：如果三级指标与二级、一级指标显著相关，那么就可以用三级指标具体的数值，来衡量"社区治理能力"的高低。由此，该框架由一系列假设构成。这些假设将成为指标设计的逻辑起点，需要在后期的研究中得到进一步的发展与验证。

参考文献

[1] 刘蕾，李德艳. 项目化共生：社区"五社联动"治理模式优化研究——以江苏苏州创新实践为例 [J]. 中国矿业大学学报（社会科学版），2023, 25 (05): 1-18.

[2] 张志宁. 以"两邻理论"为指导创新基层社区治理——基于沈阳市皇姑区中航社区的实地调查 [J]. 中国集体经济，2023, (04): 17-20.

[3] 韩瑞波，唐鸣. 社区治理创新研究何以体现理论自觉 [J]. 华中科技大学学报（社会科学版），2023, 37 (01): 37-46.

[4] 羊中太，贺燕. 三交理论视野下民族地区城市社区治理模式及创新途径研究 [J]. 数据，2022, (10): 57-59.

[5] 宋鹏程. 协商民主理论视角下的社区治理创新研究 [D]. 内蒙古大学，2022.

[6] 邓国胜，程令伟. 物业管理融入城市社区治理的理论逻辑与路径创新 [J]. 城市发展研究，2021, 28 (09): 87-91+124.

[7] 赵亚珠，邱韵，折静. 基于"共建、共治、共享"理念下城乡社区治理理论逻辑与创新路径 [J]. 榆林学院学报，2021, 31 (05): 105-109.

[8] 王敏. 嵌入性视角下城市老旧社区治理创新研究 [D]. 中共广东省委党校，2021.

[9] 刘金英. "互联网+"背景下我国城市社区治理创新研究——评《社区治理的逻辑：城市社区营造的实践创新与理论模式》[J]. 广东财经大学学报，2021, 36 (02): 117-118.

[10] 唐明凤，吴亚芳. 基于创新生态系统视角的韧性社区建设与治理研究 [J]. 湖南社会科学，2021, (01): 96-103.

[11] 龙玥 . 多中心治理理论下城市社区治理创新研究 [J]. 社会福利 (理论版), 2021, (01): 22-27.

[12] 孟祥林 . 我国社区治理的思路转向：理论基础、模式创新、发展选择 [J]. 新疆财经 , 2020, (05): 39-47.

[13] 张雷 , 秦森 . 中国特色社会工作研究 16 社区治理"两邻理论"与社会工作创新 [J]. 中国社会工作 , 2020, (25): 20-22.

[14] 徐聪 . 社会设计理论视角下社区治理思路创新及原则遵循 [J]. 重庆社会科学 , 2020, (07): 110-120.

[15] 张明绮 , 徐怡农 , 马超 . 基于 TRIZ 理论的社区治理去行政化创新路径研究——以沈阳市城市社区为例 [J]. 统计与管理 , 2020, 35 (02): 75-80.

[16] 徐晓俊 . 整体性治理视角下的智慧社区实践研究 [D]. 中共上海市委党校 , 2020.

[17] 宋蔚 , 王斌 . 网络化治理理论与社区治理路径创新 [J]. 领导科学 , 2019, (24): 36-39.

[18] 蒋山花 . 重庆市城市社区的组织结构与运行机制创新研究 [D]. 重庆大学 , 2006.

[19] 李佑静 . 社会资本理论视角下城乡结合部社区治理研究 [D]. 重庆工商大学 , 2019.

[20] 苏帅帆 . "一核多元"体系推动社区治理创新研究 [D]. 广西大学 , 2019.

[21] 王斯汉 . 我国社区治理思想与实践创新研究 [D]. 电子科技大学 , 2019.

[22] 周雅馨 . 走向善治：社区治理体制创新研究 [D]. 安徽大学 , 2019.

[23] 陈晓春 , 肖雪 . 共建共治共享：中国城乡社区治理的理论逻辑与创新路径 [J]. 湖湘论坛 , 2018, 31 (06): 41-49.

[24] 王瑞华 . "互联网 +"社区治理创新的理论基础与战略趋势 [J]. 延安大学学报 (社会科学版), 2018, 40 (03): 95-99.

[25] 王木森 . 社区治理：理论渊源、发展特征与创新走向——基于我国社区

治理研究文献的分析 [J]. 理论月刊 , 2017, (09): 151-157.

[26] 郭金喜 , 陈欢 . 多元主体参与社区治理的实践探索与理论反思——基于 2013—2015 年 "中国社区治理十大创新成果" 的研究 [J]. 金华职业技术学院学报 , 2017, 17 (04): 24-28.

[27] 于佳楠 . 城市社区治理的创新与发展——基于思想政治教育 "适应超越" 规律理论 [J]. 文史博览 (理论), 2016, (12): 120-122.

[28] 卢梦翔 . 1949 年以来中国乡村社区治理的历史演变与现实创新—公民社会的理论视角 [D]. 苏州大学 , 2015.

[29] 邢新新 . 西方治理理论视角下的我国行政文化创新研究 [D]. 燕山大学 , 2008.